Catcher

一如《麥田捕手》的主角，
我們站在危險的崖邊，
抓住每一個跑向懸崖的孩子。
Catcher，是對孩子的一生守護。

關鍵教養4

暢銷親子作家 盧蘇偉 著

正向思考就對了!!

教孩子的第1步

【自序】

思考力決定孩子的未來！

最近輔導幾個初犯就犯十年以上重罪的個案，心中十分沈重。我很難理解四個孩子只因一時貪玩，其中有個孩子開玩笑說要去搶計程車和便利商店，其他孩子也不敢有異議，他們就這樣一路做案，但總共所得還不到一萬元，四個孩子卻都被判十年以上的徒刑！

這幾個孩子後來經由輔導，都能用正向積極的態度面對生命中的重大危機！他們都把未來將服刑的四至五年時間，當成是讀五年制專科學校，看他們從失望沮喪到能勇於承擔，我心中雖然高興，但他們要跌那麼一大跤才知道好好走路，才知道要珍惜，要奮發向上，我還是很感慨。他們的父母打電話給我，表達了他們的謝意，我也恭喜他們如果能用五年的時間換回一個主動積極，能為自己努力向上的孩子，被判重刑雖是不幸，但也是大幸！

我最近接到許多孩子已讀大學但仍不知珍惜上進，父母向我求助的電話。孩子整天沈迷網路遊戲，夜遊玩樂，把打工當正業，不把功課當一回事，經常蹺課，考試都不去考，學分被二一了，也吊兒郎當的，怎麼辦呢？更有一些大孩子二、三十歲了，沒有工作，待在家裡，靠父母吃喝，要不到錢花用就對父母惡言相向。最近媒體上，還常見棄養父母，對父母施暴和殺害的，許多人都問：為什麼會這樣？

我比較好奇的是：一個孩子，父母是怎麼把他們教成如此沒有責任感和粗暴的？這些父母真的關心他們的孩子、有用心教導這些孩子嗎？我想，要爸媽承認自己是個不負責任的爸媽是很困難的。這些父母在接受採訪時，也都堅持他們是多麼辛苦的教養，孩子會變成這樣都是被朋友和社會帶壞的！但，您相信嗎？

父母是需要學習的，但這些父母顯然不知道，我們如何對待孩子，孩子無疑也會這樣對待我們。社會未來的希望很難放在這群放任孩子長大的父母，不過，也不能冀望在那些只期待孩子成績好、賺大錢的父母！這本書是寫給有心把孩子教育成社會的希望和世界的禮物的父母。

別小看我們在父母角色上的努力和成長，有覺知的父母會讓孩子將一切變美好，傳送給與他（她）接觸的所有人。這本書不僅要分享一些正向積極的想法給父母，更要孩子從中學習，做一個有能力自我管理，為自己負責，導引自己到正確生命方向的人！

這本書首先要分享的是正向思考。事情沒有好壞，只有想法不同。一個人的臉如果習慣面對陽光，那麼所有的陰暗，將被拋之腦後。一個人的命運如何，可以完全由自己的思考習慣決定。你若習慣負面思考，將註定你自己的人生憂鬱和不幸，如果你是一個正向思考的人，那麼人生中的任何遭遇都會是恩典和機會。

其次要分享的是：焦點思考，目的是要提升我們的自我管理能力。一個人不論讀書或做事，要有成就，必須要專注於自己的核心目標。大部分人都搞不清楚，我為什麼要讀書？為什麼要取得學位？為什麼要做這份工作？一直到浪費了許多心力才恍然大悟，自己並不需要或不喜歡這些東西，這也是為什麼我們的抽屜、書櫃、衣櫃及鞋櫃裡，有許多被買來但用沒幾次，就被閒置的東西，甚至有許多東西買回家，連用都不曾用過，就被一直放著。

我們的生活也是一樣，金錢是個重要的資源，如果我們沒有妥善的讓它發揮功能，它就會讓我們在真正需要買的東西上，發現自己並沒有足夠的錢，然後為錢困擾。相同的，如果我們沒有把我們的時間用在真正有價值的事物上，我們就得不到我們要的結果。

焦點的思考是不斷的自我提醒，讓我們從偏離的航道走回正軌，最重要的是學習自我澄清和發現自己真正的需求，不要讓枝枝節節、不重要、不相關的事，佔據我們的生活，更重要的是，要學習擺脱情緒垃圾的污染，人際之間的衝突、自己內在的紛擾和挫折，我們都要學習在最快的時間內，讓自己恢復平靜和愉悦的心情，全力以赴做自己想做和應做的事！

接下來分享的是提升一個人「積極思考」的能力，一個真正的贏家是勇於挑戰困難，從不向失敗低頭，永遠相信生命的豐富是來自積極的態度、所累積的經驗，而不是一時的光彩。永遠懷著熱誠向生命說：「是的！我要！我願意！」

「減式思考」不是負面的想法，而是讓自己身心維持平衡，自我調適壓力，保持最佳狀況的思考方式！想知道自己要成為什麼樣的人，或要做什麼樣的事，可能並不容易；但我們卻比較容易發現什麼是我們不期待和不希望的。

遇到問題，我習慣用減式思考。當我累了，什麼事是我不希望發生的，我的情緒可能容易失控，因為我不希望因此造成人際互動上的衝突，或在這個時候我的思考容易是負向的，所以，我在這個時間點就會少做決定。

最後分享「創意思考」的方法和技巧。我們的孩子要擺脫靠體力、勞力、時間的謀生方式，唯一的選擇就是靠不一樣的創意思考能力。我們都以為發明和創意是無中生有，事實上並非如此，創意和發明只是調整我們看事情的角度和用心，去看見早已存在的事實，就如同偉大的藝術家畢卡索和米開朗基羅，他們都認為自己不是創作，而只是把屬於這幅畫的顏色填上去，他們並不是雕刻出作品，而只是把不屬於這件作品的東西去除。

我們的想法往往決定一件事的可行性和難易程度，我們的想法也常是做一件事的最大障礙。改變我們思考的模式，我們就可以把不可能變可能。在二十一世紀，我們的孩子若想要靠腦力維生，我們就要是個懂得創意思考的父母！創意思考不難，只要我們知道如何思考！

期待我們的努力能讓我們的孩子成為這片土地的希望。人才決定國力！我們的孩子不只是我們的，他（她）也是世界的禮物！

盧蘇偉　二〇〇七、八、十五

目錄

正向思考，就對了！——教孩子的第1步

part1 正向思考力

part2 焦點思考力

part3 積極思考力

part4 減式思考力

part5 創意思考力

Part1
正向思考力

事情沒有好壞，只有想法不同。當你的臉面對陽光，所有的陰暗，都將被拋之腦後。一個人的命運，可以完全由自己的思考決定。你若習慣負面思考，那麼將註定你自己的人生憂鬱和不幸，反之，如果你是一個正向思考的人，人生中的任何遭遇都會是恩典和機會。

負面思考是人的習慣，這個習慣的內在是個善意，提醒我們要保守，勿冒險和受苦，但如果我們想在這個世界上有豐富的旅程和收穫，我們只有一個選擇，那就是先感謝內在潛意識的善意提醒，然後明確的選擇正向思考，把生命中的任何遭遇都當成是機會，不但珍惜和把握，並且全力付出，因為我們可能沒有辦法選擇事情是否會發生，但我們可以選擇我們的想法，把任何事皆轉換成有利我們自我學習和提升的機會。

正向思考的意思不是一味的自責或反省，而是思考這件事的發生要讓我們學習到什麼。怎樣做才可以逆轉形勢？如何才能讓這件事成為我們生命的資產，永遠不向惡運妥協？以及如何在任何困境中都能創造生命的奇蹟，因為愈大的逆境，往往藏有愈大的生命禮物！

一時的失敗不等於永遠的失敗

為什麼孩子的挫敗往往等同父母的挫敗？當孩子考不好，父母馬上將孩子與沒有未來、沒有前途劃上等號？

我輔導的孩子澤琳，平時成績不錯；但兩次的國中學測考試都失常，最後被迫要選擇職業學校或私立高中。

澤琳來看我時一臉失望，問我老天爲什麼這麼不公平，要這樣的對待他，他是如此的用功和努力卻遭此挫敗。

我安慰澤琳，不論他讀的是哪一所學校，這所學校都將是他生命中非常重要的母校。一個有志氣的人，不論遇到什麼遭遇，都會認為這是上天最好的安排，並珍惜每一個可以努力的機會。

剛開始，澤琳有點難過，因為他即將穿上一件他無法引以為榮的校服；但當他想起我對他說的話，他告訴自己，雖不能做第一流學校的學生，但他也絕不放棄要讓自己成為第一流的人才！他決定珍惜每一片刻奮發向上。

在高中三年裡，澤琳努力充實自己，不僅成為他就讀學校的狀元，還因為他傑出的表現，在大學甄試時，被錄取上了第一志願。澤琳很興奮的打電話告訴我，如果他國中學測沒有失常，他很有可能會讀所謂的名校，但因為菁英群集，他要出頭代表班上或學校參加各類活動，可能都會有困難，但他讀的是一所私立學校，大部分同學程度都中等，他的努力讓他有許多機會參與比賽和活動，累積了許多經驗和嘉獎，以至於他可以在眾人的競爭下脫穎而出。澤琳太感謝了，他覺得一切真是上天最好的安排！

我向澤琳說聲恭喜，也開了他一個玩笑，我說，這次大學甄試，他應該再到三流學校，這樣才有更多機會表現啊！澤琳哈哈大笑的回答我，我不是常教他，永遠

所有的陰暗，
都將被拋之腦後，
當你的臉面對陽光。

珍惜和感恩，任何的結果都會是最好的結果，只要隨時都保持積極向上和向善的態度，人生未來的結果，都會讓自己眉開眼笑，慶幸和感恩的嗎？

澤琳眞的是長大了！沒想到我三年前安慰他的話，他不僅牢牢記著，還一一奉行，我祝福澤琳能夠心想事成，做他想要的物理學家，未來更獲得諾貝爾獎，爲人類謀幸福，也爲國家增光！

澤琳最後告訴我，他會珍惜生命中每一個遭遇，並在各種遭遇中創造出生命的奇蹟！我相信他一定做得到，我們要爲自己加油，未來的命運將由我們自己決定！

爸媽加油站

爸媽的態度決定孩子的態度，爸媽若非發自內心的正向思考，就會出現表裡不一致，讓孩子陷入錯愕、不知所從的情境。

孩子的挫敗往往等同父母的挫敗，當孩子考不好，父母其實要滿心歡喜的接受，雖然那是件困難的事。一個真正的人才不會因一時的挫敗而影響未來，和孩子一起接受現實，勇敢面對，讓孩子了解父母的愛是絕對的，而且是無條件的。學測雖未如理想，我們卻有機會存入一份高額愛的存款，孩子的未來會因這份愛而充滿自信心，並為自己做最大的努力！

年輕GO！GO！

或許爸媽一時心情調適不過來，但我們可以用行動讓父母了解，我們的上進毅力和勇氣。我見過有些爸媽一時忍不住挫折和失落，對孩子口不擇言的羞辱，甚至出手打孩子。我們可以了解父母對孩子的期待落空，心中不知如何面對，請給爸媽一些時間，他們把期望全寄託在孩子身上，孩子如果不如期待，他們當然會言行失措。

請試著去了解他們亂了分寸的心，真正要的是什麼。請試著看見他們的內在仍存在著一份愛，諒解他們吧！孩子雖不是他們的財產，卻是他們生活最最重要的寄託！如果我們一時無法給他們希望，還是要用正向的思考面對這一時的挫折，讓它成為未來最值得驕傲的一刻。

挫敗是成功的一部分

父母是孩子最好的啦啦隊！當孩子面臨挫敗，給他一個大大的擁抱，孩子將擁有往前再衝刺的勇氣與力量！

紫琴是我好朋友的女兒，從小就很優秀，成績名列前茅，上國中仍是班上的前幾名，但最近幾次段考不知爲什麼連連失誤，掉出了前幾名，她的信心大受打擊。

紫琴的媽媽帶她來找我，我卻反而恭喜她，能在眞正的考試前有機會發現自己的弱點和不足，而且有機會彌補，因爲如果她在平時考試，試試順利，到了學測才發現考試的各種陷阱和容易輕忽的地方，慘遭失敗，那對紫琴而言，才眞挫敗呢！

剛開始紫琴不太懂，後來我解釋給她聽，所有學校的平時考試，都是在為兩、三年後的學測做練習和準備，考不好的人有機會知道自己哪裡沒有準備充實，有機會修補缺失，考滿分的人卻最沒機會，而考試的目的不就是要讓我們了解哪裡還沒有學會，然後把我們失去的分數找回來嗎？

紫琴好像懂了一點，就像她學游泳，剛開始常喝水，游不快，她很積極的請教教練，不斷的修正，她現在已經比早學會的同學游得都好。紫琴的結論是，挫敗原來也是成功的一部分。

其實挫敗是上天的恩典，讓我們有機會把該做的事，做得更完美。在任何的考試或比賽之前，全力以赴的準備和練習，才是眞正的贏家。有人靠運氣或取巧贏得一時的比賽和分數；但因贏了就放棄繼續努力，永遠停留在比賽或考試前的實力，而失敗或考不好的人，卻積極認眞的努力提升自己，雖然一時挫敗了，長遠來看，卻是成功的！

紫琴很聰明，馬上領悟到我講話的含意。她告訴我每一個人都應該是贏家，只要持續不斷的努力奮發向上，像跑馬拉松一樣，要到終點才知道眞正的勝負。

我誇她眞是了不起！更重要的是，要從失敗中看見恩典和機會，否則就是眞的失敗喔！任何考試，分數都是一時的，只要我們能懷抱著信心、毅力和勇氣，奮發向上、永不放棄，那麼任何的挫敗都會是未來最值得驕傲的一刻。沒有逆轉得勝的比賽，是不值得看的球賽！沒有失誤的考試，就沒什麼精采的故事好說的喔！相信任何遭遇都會是上天爲下次成功所做的最好安排。珍惜跌倒的這一刻，它將創造我們多采多姿的人生！

紫琴和我談完話，告訴我她不會再自暴自棄，她已經知道她考不好是個恩典，而不是懲罰！她會繼續努力，朝著自己理想的目標，奮發向上！

☺爸媽加油站

在這個世界上，有太多嘴裡說不在乎孩子成績，但孩子一旦沒有考好，立即手忙腳亂，不知如何應對的父母。

孩子的分數是一時的，永不放棄努力的態度，卻是一輩子的。不要讓孩子只贏得一時，而輸掉了對未來的努力。

優秀是經得起考驗的，不論孩子的成績如何，永遠激勵孩子奮發向上，永不放棄努力，讓孩子了解人生是個旅程，我們正在寫我們的旅遊日記，不要因一時的小小不如意，就大受打擊，一蹶不振。陪著孩子走人生的一段路，做孩子最好的啦啦隊！

年輕GO！GO！

要像紫琴一樣，把考試的挫折當成生命的恩典。感恩我們有機會在真正的考試（學測或聯考）前，發現自己的缺失和不足，把失去的分數贏回來，我們會不斷累積成功的資產，在真正考試的那一天有亮麗的表現！

反敗爲勝

孩子在成長過程中，難免會發生一些不如父母期待的情況，父母要如何處理，才不會讓孩子重複在同一個地方跌倒？

銘勝因作弊被抓，而引爆他之前偷錢和手機的事件，最後被移送法院。初次和他見面，我被他的一表人才、高大帥氣、斯文有禮的態度給吸引了，但和他談話才了解，他講話結巴，動作有些幼稚。

以我多年輔導的經驗，我感覺到他是個缺乏自信的小孩。爸媽對他的要求自幼只有滿分，不得有任何失誤，任何事都要中規中矩，不得有任何差錯。

每天他都有大小事會被叨叨唸，他常爲了小事而焦慮，擔心爸媽會不要他，同學會不喜歡他，他之所以會作弊除了應付他的父母，更是爲了自己在班上第一名的地位。偷錢和手機大部分原因是爲了炫耀自己多麼受爸媽寵愛，要什麼就有什麼！

因事件爆發，揭開了銘勝僞裝多時的面具，他整個人崩潰了。銘勝的爸媽也對他表達失望傷心的言語。銘勝坐在我面前，講話時不敢直視我，頭總是低低的。

我告訴銘勝，一個做錯事的人最重要的，是反敗爲勝，從錯誤中記取教訓，從錯誤中把自己失去的贏回來。因爲這樣一個事件，不僅傷了自己，也讓爸媽和老師深深受傷，他們沒想到他們眼中的模範生竟然是個投機取巧的孩子。

做錯事的人，最好的選擇，就是勇於公開認錯，並宣示自己將重新開始做一個受大家信賴和尊敬的人。如果能這樣做，絕對是比犯錯沒被發現的人，來得有收穫。我希望他感謝發現他作弊的老師和發現他偷東西的爸媽，因爲有他們，他才有機會重新發現自己。

考試不一定每一次都要一百和第一，爸媽的期待其實是不合理的；在班上也不需要每個同學都認同和喜歡他。班上有四十個人，就會有四十種不同的看法，有什麼理由要大家都一致的認同我們呢？

銘勝早已經是個優秀的孩子和學生，只是他的爸媽不懂得賞識他，老師不知道怎麼肯定他，更重要的是他從不認爲自己優秀。他的未來不會因爲犯錯而減損，不過這樣的負面經驗將有助於他的生命，最重要的是，要重新振作起來！讓自己敗部復活，贏得自己全新的未來。

原本失望的銘勝，眼睛裡閃爍著光彩。銘勝堅定的告訴我，未來不論經歷任何事，他一定會堅持爲自己做最大的努力，並做一個堂堂正正的人。

如果我們能在敗部復活，失敗就不會是惡運，反而會是生命中最大的恩典！銘勝，我們都爲你大大的加油！

☺ 爸媽加油站

父母的態度決定孩子的態度。孩子在成長過程中，難免會發生一些不如我們

期待的事，父母如何看待，將決定我們的孩子會不會重複在同一個地方跌倒。指責和懊惱只會把孩子帶向對立和不理性的抗爭，試著改變我們對孩子的模式，讓孩子在成長中學習，我們身為父母也一樣，孩子會犯錯，父母自然也會犯錯，親子間能用體諒的心看待彼此，多給自己和對方一些時間學習成長，而不是百分之一百的要孩子如我們期待。

賞識孩子的獨特，即使他沒有好成績和表現，仍然是我們生命最重要的寶貝！在乎孩子的心情，就是在乎與關心孩子的人。一個能被關心和在乎的人，就不需要再取巧的做些讓人注意的事！

年輕GO!GO!

你從銘勝的行為中學到什麼呢？我們做錯事總有許多理由，試著了解我們自己在被責備及批評時會有許多理由和抗辯，從中看見我們自己的內在是如此的叛逆，而且好逸惡勞、不肯學習和上進！我們必須常常提醒自己，再多的理由都只是讓自己停留在原點。

一個人想要進步，就要勇於面對自己的錯誤。從錯誤中反敗為勝，讓錯誤成為我們生命的資產！

逆轉危機

孩子難免會有人際衝突，爸媽是要站在孩子的立場，責備對方？還是責備孩子，不懂得和別人做朋友？

冠良是我調查個案的被害人。一般而言，我的工作沒有機會接觸被害人，冠良和他的爸媽卻爲了傷害他的同學求情，所以和我調查的個案一起來找我。冠良被幾個同學聯手打成重傷，支著枴杖，腳和手都綁著繃帶，我不了解冠良爲什麼要原諒加害他的同學。

冠良告訴我，因爲一時的小誤解，彼此才有口角，繼而引發他的同學夥同其他人圍毆他。冠良不僅手腳受了傷，內臟也因此出血。事後大家把話講清楚了，被害人向他道歉，冠良自己也有錯，他也向打他的同學一一道歉，他們現在已因這個事件成爲朋友。

冠良雖然受了傷，但他認爲慘痛的事實已經造成，他不想再損失更多，如和一群同學結下仇怨，造成未來心理上的負擔和壓力，他決定和這群同學和好，原諒他們！冠良的父母剛開始很不能諒解，後來看他們幾個人誠心誠意認錯，每天都到家裡來接送冠良到學校，他們覺得孩子雖受到重傷，但交了能彼此鼓勵上進的好朋友，雖失猶得！

在做個案調查時，我很感動被告的幾個孩子。他們有勇氣坦承自己的粗暴和失控，他們也非常感恩有冠良這樣的同學。

不打不相識，因爲冠良的善解和原諒，讓他們有機會反省。他們幾個私下還立誓要做一輩子的朋友，不論未來有什麼遭遇，都要相互扶持鼓勵！

當他們離去時，我感慨萬千。在法院工作快二十年，第一次遇到這樣的事。冠良的話讓我沈思良久，在危機中創造奇蹟，從不幸的意外中，逆轉人生的命運。不論人生的遭遇如何，我相信只要有顆向善、向上的心，每一個人都可以逆轉危機！

☺ 爸媽加油站

孩子難免會有人際衝突，爸媽的態度很重要。我們要站在孩子的立場，不理性的去對抗？還是責備孩子，訓誡他不懂得與人為善，不懂得和別人做朋友呢？

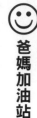

孩子有激烈的人際衝突時，是親子間很好的學習機會。這樣的機會是很難得的，可以和孩子分享負面情緒的感覺。

被人誤解和傷害，是我們和孩子都不願意見到的；但對方的憤怒和粗暴，傷害了我們的孩子，又透露出什麼樣的訊息呢？如果我們能從過程中了解我們言語或行為的模式，有哪些是讓人覺得不舒服的，了解對方對我們孩子的在乎，因為對方若不把我們的孩子放在眼裡，他是不會和我們的孩子發生衝突的。珍惜這份了解自己和創造友誼的機會，這是一個學習逆轉危機的課程，讓孩子利用這個機會學習化解誤解和仇恨，也學習創造結交朋友的良機。

年輕GO！GO！

別人對我們白眼相向或態度粗暴，我們先別急著反擊，先檢視一下自己的言行和舉止，有哪些讓人家看不順眼或不舒服的地方，如果實在找不到，就請對方告訴我們，很禮貌的請教對方，我們是說了什麼話或做了什麼事，讓對方如此的不舒服和生氣，也謝謝對方給我們學習的機會，化解危機。

逆轉形勢是我們一生中最最重要的學習功課。沒有壓力，我們不會激發自己的潛能，沒有衝突，我們就沒有機會和對方建立深厚的情誼。我們可以不喜歡任何人，但我們絕沒有理由在這個世界上製造潛在的敵人。朋友未必有機會互相幫忙對方，但敵人很可能在我們稍有不慎時，給我們致命的一擊！即使沒有，與人交惡總會讓我們在團體中，內在裡有所不安和顧忌！

和時間賽跑的人

我很少遇到有爸媽是賞識自己孩子的，即使孩子讀台大、清大或建中、北一女，父母仍有許多的煩惱，擔心孩子這裡不夠好，那裡不夠完美！

邦迪是個肌肉萎縮症的患者，身高不及一百公分，也無法自由的站立，他曾自暴自棄地認爲自己是個沒有希望和未來的人。

有一次邦迪的媽媽帶他來聽我演講，會後他問我，像他這樣的人有什麼活下來的價值?他活愈久，只會浪費愈多醫療和社會資源，他應該早早死掉，他的父母也才能得到解脫。

我蹲下來握著邦迪的手，我告訴他，他的內心裡有著像菩薩般善良的種子。他說的很有道理，這個社會的確因他的存在，而耗費了許多資源；但這不是浪費，而是最有意義的投資，如果他能像同樣患有肌肉萎縮症的患者朱仲祥先生一樣，永遠保持樂觀的態度，雖然生命只有短短的三十年左右，但他留給無數人感動和希望。一個必須要臥床，隨時都有可能因呼吸困難而死亡的人，都能保持樂觀，對生命積極努力，而且還到處鼓勵正常健康的人要珍惜生命、奮發向上，朱仲祥能的，邦迪有什麼不能呢？

如果邦迪眞的覺得社會爲他付出了許多資源，爸媽爲他辛苦的付出，那麼給這個社會和爸媽最大的報答，就是珍惜自己所擁有的每一分秒，努力學習奮發向上。邦迪會因爲活著，而給無數人激勵。如果他輕言就說出一些悲觀灰色、要自殺的話，我認爲才是對爸媽及社會最大的傷害。

朱仲祥先生生前的演講就曾講過，他是一個沒有高度，只能靠生命的態度生活的人。我們無法改變生病的命運，那麼我們只好創造生命的另類奇蹟。朱仲祥活過三十歲，還結了婚。我希望邦迪能像朱仲祥一樣創造生命的奇蹟給這個世界。

邦迪沒有悲觀的權利，他只能有和時間賽跑的勇氣和毅力。如果他眞的愛他的爸媽，眞的愛惜他自己，他要更珍惜還有一口氣在的生命！

邦迪讓人敬佩，他不僅不再悲觀，而且決定做一個用生命深度換取生命長度的人，用樂觀和積極的態度報答他所擁有的生命。

我以邦迪的故事告訴我輔導的孩子，如果邦迪都能愛惜他僅有的生命，我們是健康的人，我們有什麼理由毀掉自己的未來？任何的擁有都不是應該的，我們應懷著謙卑和感恩，善用我們所擁有的一切。生命的感恩是在奮發向上，永不放棄的過程，而不是最後佔有什麼的結果！

☺爸媽加油站

我很少遇到有爸媽是賞識自己孩子的，即使孩子讀台大、清大或建中、北一女，父母仍有許多的煩惱，擔心孩子這裡不夠好，那裡不夠完美！如果我們能常想想這些天生殘疾，仍為著能繼續呼吸而奮鬥的孩子，我們會覺得我們是何等的富有和幸運。

我們的孩子可能功課不理想，言行不如我們期待；但至少他們是很健康的！一個人有了健康，其他的擁有才有價值。賞識和珍惜孩子和我們相處的每一片刻，生命看似漫長，但數十年也只是一轉眼，當孩子長大了，為了工作或生活和孩子見面和相處的時刻，都是極其有限！在瞬息萬變的境遇裡，我們或孩子明日是否依然健康，誰也不能預料。珍惜此時此刻！賞識我們的孩子和另一半！他們都是上天賜予我們最大的恩典！

年輕GO!GO!

有人曾經向我抱怨自己的生命是如此的平凡無奇，他好羨慕獨特的人生境遇。我聽了覺得十分心痛，一個人必須忍受身體健康上的折磨和親人變故，隻身在孤寂裡，忍受別人注意的眼光，甚至是不了解人的冷嘲熱諷，還要用更大的毅力和決心，去做別人輕易可以完成的事，這有什麼好羨慕的呢？

平凡的生命是最大的幸福。我們如果有一些與眾不同的生命境遇，也沒有什麼好抱怨的。平凡是種幸福，不平凡是種恩典。由於不一樣的人生境遇，我們對生命會有更深度的了解和學習。不論我們身處何處，都要有永遠珍惜和感恩的心。生命就在一瞬間，幸福也在我們的一念之間喔！珍惜我們現在所有，感恩一切的安排！我們會讓一切都變得美好！

將每一次都當成最後一次

如果我們能預知今天是和另一半或孩子相處的最後一天，我們會用什麼心情和態度面對呢？

有一天我演講結束，有一個年輕人聽了我的成長故事，很羨慕我有不平凡的成長過程。她說她是一個平凡的人，家庭、父母和經歷都很平凡，連頭腦也很平凡，沒有什麼特別的才能。她問我怎樣才可以讓生命更有意義，讓自己的未來更有不一樣的境遇？

我聽完了她的問題，心中有些不解。難道她期待自己是個殘障、是個白癡，有不幸的意外，然後才知道珍惜所有，好好爲自己做最大努力嗎？

我告訴她要有不一樣的人生，其實很簡單，從現在開始，把每一件事都當成是生命中最後，而且最重要的一件事來做。回到家，是最後一次見到爸媽、刷這一生最後一次牙，考最後一次的試，把所遇到的每一個人都當成生命中最重要的貴人，帶著感恩恭敬的心，好好學習。珍惜從現在開始的每一分一秒，因爲所遇到的一切，都將是唯一，而且是最後的一次！

她很疑惑。她想這樣她的人生就會有所改變，有所不同嗎？我非常堅定的告訴她，用這樣的態度所過的每一天，天天都會是充實而飽滿，每一個人及每一件事，都會有深入而不平凡的體驗，每一件事都會是生命的轉捩點，每一個人也都會是改變我們命運的貴人。我們之所以生活平淡，是因爲我們認爲每一天都是一樣的，每個人都差不多。事實上，我們所過的日子，沒有一天是相同的，我們每一次遇到的每一個人，都帶著不同而精采的生命經驗！

用心珍惜！因爲我們輕輕放過的時間或浪費在電視、電玩的時間，將讓我們留下空白，而在未來毫無記憶和經驗！我鼓勵這位年輕朋友，勇於嘗試和實踐自己的理想，透過許許多的努力，未必給未來帶來有形的成果，但積極參與和努力的過程，一定會讓我們的生命鮮活而不平凡！一切的不平凡都不會是來自比較，而會來自生命的豐盛和滿足！

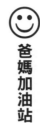

爸媽加油站

如果我們能預知今天是和另一半或孩子相處的最後一天，我們會用什麼心情和態度面對呢？也許我們還年輕，生離死別是遙遠的；但我每一次回老家探望已經快八十歲的媽媽，每一次見她，她就愈加蒼老和衰弱，我心中都有許多不忍。因為這次和她見面，我不知道下次回家，是否她仍能健在呢？

我知道生老病死是人生必經的過程，但我們有太多時間花在爭辯和煩惱生活的雜事，我們很少有心放在對彼此的關心。如果我們的相處就只有這一次，分別後再也沒有機會相遇，我們會如何來珍惜這段緣分呢？我們還會浪費時間再管孩子東西沒有歸位？另一半對我們講話的口氣不好？爸媽給我們添了許多麻煩嗎？

總有一天！總有那麼一次我們將告別一切。為什麼不珍惜這次、這一天呢？它有可能就是最後一次！

年輕GO！GO！

年輕的時候，我也常會有死掉算了的念頭！「人與其苟且的活著，還不如轟轟烈烈的讓生命付之一瞬間！」但當年紀愈來愈大，卻愈覺得活著，擁有健康真好！這世界上的每一天，每一個遭遇都是獨特和不平凡的！

我們都期待一夕致富、一夜成名或是一步登天，我們都想要跨過辛苦努力的過程，直接享受甜美的成果。但是要什麼就有什麼，想怎樣就能怎樣，我們就一定會快樂幸福嗎？那些大企業家或明星、權貴、名媛，他們真的過著幸福快樂的生活了嗎？如果不是，那怎樣才可以讓我們的生命，真的享有美好和喜悅呢？我想應該沒有比珍惜此時此刻，用心的過每一分秒的建議來得適用；但如何才是珍惜和用心呢？

「把現在開始的每一次遭遇，都看成是我們生命的最後相遇！」一花一草，豔陽暴雨，都是最後一次經歷。請試試看用這種心情看世界，你一定會有很特別的感受和心得！

不一樣的成功

告訴孩子：「你是一個有影響力的人，你是我們最棒的孩子，即使你落魄失意，你依然是我們的心肝寶貝。」

「老師！我怎樣才會成功？」

浩業有一天問我這樣的問題。浩業是我輔導過的學生，他很想知道他的努力到底會不會成功，如果沒有成功的機會，他就不想再努力！

我告訴他，一個人會成功最重要的是要知道他要的是什麼，否則即使他已達成了目標，已經成功了，他自己卻仍不知道。我問浩業他要什麼樣的成功，要財富？

要地位？要權力？還是要快樂？

「我通通都要！」

「可以！但請明確告訴我，你要多少呢？」

「當然是愈多愈好！愈大愈好！」

一定要有明確的數字，多少錢才是多、什麼樣的職務和權力才叫高呢？而且這些多和高要佔有多久，一輩子夠了嗎？許多人要的不只是一輩子，而是千秋萬代，子子孫孫都能擁有。有什麼理由要用一代的生命去創造多代的佔有？這樣的佔有不會是福氣，因爲子孫可以不用努力，就可以擁有一切，這只會造成子孫的無能！

浩業最後給了我一張清單。他要有一億的存款，一幢百坪以上的房子，一輛千萬的車子和千人的公司。我問他，究竟他眞正要的是什麼。

浩業一時講不出來，但他說有這些，他就可以既幸福又快樂。我舉已擁有這些的富人當例子問浩業，這些人眞的幸福和快樂了嗎？浩業搖搖頭，因爲我舉的這些人，有些官司纏身，有些亡命海外，還有一些人被綁架和面臨種種壓力。

這下子浩業更困惑了，如果擁有這些不算是成功，那有什麼才是呢？

「沒有一個人認爲的成功，會和另一個人完全一樣，但一定要明確知道自己要的成功是什麼。在不知道之前，要珍惜所有學習的機會，全力以赴的努力。我們會慢慢的了解，什麼樣的成功不是我們要的，最後我們很有可能會發現，其實我們早就擁有我們所要的一切！」

浩業不明白爲什麼，我告訴他成功不應只是一個最終的結果，它更應是一段全力努力、堅持到底的過程！

爸媽加油站

我們的父母希望孩子能出人頭地，做一個有用、有價值的人，能讓他們以孩子為榮！所以，我們花了許多時間，向我們的父母證明我們是一個有價值、有貢獻的人！一個能榮耀父母和祖先的人！於是，我們放棄了自己的理想，也放棄了自己的想法，去遵循父母的期待，做一個讓父母賞識高興的孩子！

我們也要這樣期待孩子嗎？我告訴我的孩子，爸媽永遠是你的啦啦隊！做你想要做的任何事，不需要浪費時間去向爸媽證明什麼。你是一個有影響力的人，你是我們最棒的孩子，即使你落魄失意，你依然是我們的心肝寶貝。

成功就是實現你自己的想法，而不是得到爸媽或別人的賞識！我們不需要擔心孩子會為非做歹，會不求上進！人類潛能最大的動力，是來自自我實現。一個人會為了他要的一切全力以赴，一個能讓生命活得精采的人，很自然的就會成為這個世界最棒的禮物！

年輕GO！GO！

你滿意你的父母嗎？有百分之九十的人是不滿意的喔！年輕的心總期待爸媽要支持我們，賞識我們所做的一切，但這有許多困難存在。

爸媽和我們年齡相差至少二十歲以上，我們遭遇的困難和所處的環境已經和二十幾年前大大不同，而我們的父母以三、四十歲人的觀點，看待我們的想法，當然也是大大的不同，別期待我們的父母會被我們說服或改變。

但請試著用幽默，可以讓父母接受的態度，讓爸媽了解，我們的想法只是和他們有些不一樣。我們追求理想和成功的企圖心是一樣的，想辦法讓他們從我們的努力中得到安心。讓他們明確知道我們預見的成功是什麼，在多元的社會，沒有人是失敗者，只有不一樣的成功。預見你的成功，它是經得起考驗的。一定不能因小小的不同意見，就放棄所有的努力喔！

做發光、發熱的人

做大官做大事，未必每個人都適合。把自己放對了位置，做自己喜歡的事，就是大事。

有一天，我到一所學校演講。結束後有個學生請我為他簽名，並請我送他一句鼓勵的話。我看這個孩子有點浮躁，就寫了這樣一句話：

「人人都是貴人，事事都是好事！」

他不是很明白。我告訴他，不是名人才是重要的人，我們周遭平日相處的爸媽、老師、同學，都是我們生命中重要的貴人，我們要看重和禮遇他們。

平日生活中的各種情形，看起來像是小事，但若能保持謹愼的態度，把每一件事做好，養成這樣的習慣，遇到大事情，我們就可以用平常心去應對，就不易慌亂緊張。所以，生活中的日常小事，都是在培養我們做大事的能力。能看重每一個人，我們自然就會有許多服務別人，提升自己能力的機會。未來每一個接觸的人，都會是生命中影響我們前途的貴人。

「不是能提拔我們升遷，或對我們人生有重大影響的人，才叫貴人嗎？」

表面上確實是這樣，但誰能眞正知道，現在沒有影響力、看來不起眼的人，未來是否不會在我們成敗的那一刻，助我們必要的一臂之力？更重要的是，我們即使不求未來做大官或大事，但能處處看重別人，肯定、鼓勵別人，別人也會相對的看重、賞識我們，那麼我們不僅不會處處樹敵，更會到處結好緣，擁有眞心相待的朋友。

「如果把每一件事都當成是重要的事，我們是不是就沒有太多時間去做眞正重要的事？」

這位同學認爲當學生時，成績最重要，未來畢業後，則是賺錢和升遷最重要，

SHIP1 TO FUTURE
擁有一個方向和目標
大步走下去，
人生的命運一定大大不同。

要讓自己不斷往上爬，讓自己成爲一個有影響力和貢獻的人，才是重要的事，所以其他都是小事。

他的看法很獨特，我也分享我的看法，我告訴他，我認爲的大事，是讓自己覺得快樂和滿足的事。

做大官做大事，未必每個人都適合。把自己放對了位置，做自己喜歡的事，對我而言就是大事。不要小看自己是個小人物，或是職位不重要，就輕率的做事，我們應該竭盡自己所有的可能，服務需要我們的人。即使沒有得到獎賞或任何報酬，內心卻會得到最大的滿足和喜悅。

最後他終於有點明白，但是他告訴我，他還是要努力做一個有貢獻和影響力的人。我再次的祝福他，並且告訴他，對世界眞正有貢獻的人，未必都是大人物，例如：德蕾莎修女、證嚴法師等，她們都不是大人物，卻都是帶給世界光和熱的人。我最後希望他永遠學習做一個給世界光和熱的人。一個小人物，也可以對世界有大大的貢獻，永遠不要看輕自己！

☺爸媽加油站

功利的思維常讓我們以金錢或地位來衡量一個人的成就。一個月收入十萬元和月收入兩萬元的人，我們的評價會有不同嗎？如果一個人擁有月收入十萬元，但每天工作十二個小時以上，假日也都無法休息。每天除了工作，也沒有時間和家人相處，更沒有時間做自己想做的事，只是一部賺錢的機器。而另一個月入兩萬的人，卻可以有許多時間做自己想做的事，有時間和機會發揮自己的興趣和專長。你會鼓勵孩子做什麼樣的選擇呢？

兩萬元的收入或許生活上要很節儉，物質的欲望可能也不能夠太多。但如果我們的孩子因此能有豐富快樂和滿足的人生，我們是否還期待他要做月收入十萬元的工作呢？

這是一個價值取向和現實與理想的取捨。我鼓勵我的孩子，努力做一個能在現實中滿足自己理想的人，也讓自己的理想，能在現實裡充分實踐！

一個人的生命若沒有任何理想，活著只是行屍走肉，虛有其表！我也鼓勵我的孩子，努力做一個能給別人光和熱的人，一個能四處散播喜悅和希望的人。這樣的人，一生即使一無所有，他也會是富裕和滿足的！

這是我對孩子的期待。你期待孩子過什麼樣的人生呢？

年輕GO！GO！

爸媽會有爸媽的想法，但你期待自己未來的人生會有什麼樣的境遇呢？人生若是個旅程，你希望自己能有什麼樣的行程呢？或許有太多的不可掌控和變數，但一個沒有想法，任由潮水漂流的人，和一個有方向和明確目標的人，人生的命運一定大大不同！「你要什麼，你就可以得到什麼！」如果你什麼都不要，當然你什麼都得不到！

不論你期待自己成為什麼樣的人，或想要在未來過什麼樣的生活，你都可以在現在設定好目標和方向。我希望在你想擁有的目標中，能想想如何讓自己成為一個可以給別人快樂、幸福和希望的人，因為我們擁有的一切如果少了分享，一切的擁有都會少了光彩和顏色喔！

讀自己的心情

我們常習慣性的指責孩子浪費時間，但我們當父母的卻很少檢視自己，扣掉上班時間，我們大部分的時間都在做些什麼事呢？

我曾經寫過一部童書《四季豆闖時關》。有一天，小琪拿著這本書給我簽名。小琪告訴我，書她都看完了，可是還是不會管理自己的時間，每天都要很晚才能把事情做完，每天也都覺得睡眠不足。

小琪就像四季豆一樣的迷迷糊糊，常搞不清楚別人講話的重點是什麼，所以常被罵「白目」、「迷糊蛋」。小琪想做時間的主人，做一個精明的人。小琪問我是否有訣竅？

我舉例分享我的心得。如果我現在和小琪講話，但我心裡一直在想，現在下那麼大的雨，我怎樣才可以回家，萬一叫不到計程車，我一定會被淋溼了，如果被淋溼了，我可能會感冒和生病。因爲我心裡想著別的事，所以小琪和我講話，我就會心不在焉，有聽沒有「懂」。

所以時間的管理就是不要想一心多用，例如現在在寫功課，就什麼事都別管，等作業寫到一個段落，再做第二件事。如果臨時想到什麼重要的事，先暫時記在一旁的筆記本上。例如我現在和小琪談話，我就應該很專注在這一件事上，雖然小琪只是個小孩，但我也要很認眞的聽她說。至於回家的事，等談完話，說不定雨也停了！

第二個是，不要信任自己不會忘記，要養成隨手做筆記的習慣。什麼時間，要做什麼事，都要記起來，隨時都拿筆記本出來看。把記下來的事分為三級：非常重要、重要和一般雜事，檢視時就會一目了然，不會忘東忘西。當我們把重要的事都做好了，就不會臨時發生緊急的事，弄得自己紛亂和緊張。

生活的雜事也很重要，例如忘了老師交代要帶抹布，可能會被罰站，結果搞壞了一整天的心情。所以每天睡覺前一定要再檢查一次筆記本，做完的事就用筆劃掉，這樣我們就會很清楚的了解自己一整天到底做了些什麼。

最重要的是，我們要檢視我們一天的時間，究竟被什麼佔有了。如何珍惜零碎的時間做些小事，例如背背英文單字，預習一下功課，或是打一個問候的電話，把完整的時間留給最重要的事，例如寫報告或分析整理我們學習過的功課。只要養成好習慣，短時間內我們和別人的差異可能不大，但長久下來，我們的努力就可以得到絕對不一樣的成果。

我的寫作時間，大部分是零碎的時間，但只要一有空檔就寫，十幾年下來，我已經快完成四十本書了！每本書若八萬字，光是零碎時間就讓我賺到三百萬字！

看重每一分、每一秒，它過了就沒了，一天、一週、一個月、一年都是一轉眼就用光了喲！千萬不要讓時間只留下遺憾喔！

爸媽加油站

我們常會習慣性的指責孩子不會利用時間，整天都浪費在那些沒有意義的事，但我們當父母的卻很少檢視自己，扣除了上班時間，我們大部分的時間都在做些什麼事呢？

如果我們能有比較好的時間分配和利用，孩子很自然的也會學習管理和規劃時間。否則我們就有許多零碎的時間，製造情緒垃圾和衝突，然後再用許多寶貴的時間收拾善後！

多留些時間給自己，除了做自己想做的事，更重要的是花些時間和自己相處，了解一下自己的想法和感受，傾聽自己內心的聲音，貼近自己的想法和感受。例如，讓我們每天都有一段時間關掉電視，給自己倒一杯水，靜坐在客廳，或讓自己坐在窗台前，或到樓下的巷子散散步，讓我們的能量在耗損中恢復，那我們做任何事的品質，一定會有所改善，我們也會從當中發現生活的美好與生命的價值！

年輕GO!GO!

我們每一天的時間都給了教科書和學校，甚至是補習班，我們每天都有做不完的功課和準備不完的考試。你一定會有覺得累和厭煩的時候。試著讓自己的生活作息變得更規律和簡單，例如減少補習的科目及一些不相關事物的打擾，每天都把睡眠當成重要的事，如果無法睡足八小時，至少也要有七小時的睡眠，因為睡得足夠，精神飽滿，我們會用效率來解決時間不足的問題；否則，上課無法專心，必須花好幾倍的時間來彌補，更浪費時間。

最重要的是要搞定自己的情緒，我們每天都要花些時間讓自己放鬆，讀一讀自己的心情，讓自己從忙亂當中補充能量。多一點時間給自己，我們就可以減少生活中的錯亂和不安！

人生是一場長跑

大多數的父母都太緊張了。每一次平時考試或段考，都分分必較。孩子名次掉下來一、兩名，就緊張萬分，學測、聯考時更是焦慮不安！

學測剛考完，朋友的孩子——孟德考得不理想。孟德平日在學校時都是班上的第一名，以及全校的二十名內，平常比他差的同學都考進了前三志願，孟德卻僅僅只能登記到公立的高職。

孟德十分難過的哭了好幾天，他一直抱怨考試不公平，他不想要再讀書了！孟德的舉動讓爸媽擔心極了，但怎麼勸他都沒有用，孟德的爸媽只好來找我幫忙。

我告訴孟德，一個眞正有能力的人，是經得起考驗的。一次小小的學測就把他打敗了，他以後怎麼經得起大大的考驗呢？學測可能考不出一個人眞正的能力，卻可以考出一個人眞正的實力。

有實力的人，讀什麼學校，都會讓這個學校以他爲榮。有能力的人可能只能找讓他引以爲榮的學校，而一個有豪情的人，卻能把生命的最谷底，都當成所有成就的起點，從最低處奮力向上爬，就像焠煉金子，是在千百次的焠煉中，存留到最後的才是眞金，其餘都只是附在金子上的一些雜質。

要做一個眞正的人才，要永遠向不可能挑戰。一個對未來世界有影響力的人，永遠能在生命最惡劣的一刻，做最積極正向的思考！

「做一個有豪情的人！」

永遠珍惜每一次的考驗。孟德考不好是上天的恩典和考驗，而不是懲罰和災難！我告訴孟德，要讓這次考試失誤成爲他生命的恩典的方法，就是反敗爲勝，保持奮發向上的態度，積極努力。

上天賜給他的禮物，就在這次的特別遭遇裡。孟德是一個人才，所以，老天不會安排一條順遂的路，老天要他有豐富的經驗，和經得起考驗的心！孟德雖然讀了職業學校，但他永遠以他失敗的學測爲勉勵，從谷底出發，讓自己的人生奮發向上。

孟德不是一個短跑選手，他要做一個贏在人生終點的長跑選手。他知道「自己」才是唯一的敵人和競爭對手，他要和自己的負面思考，決勝負，要做自己生命的勇者和贏家！

我聽了孟德的話，立刻給他拍拍手。我告訴孟德，一個人一定要有豪情壯志，別輸在一時和小小的挫敗！任何事都是未來成功的一部分，永遠奮發向上。孟德不必等到未來，以他的決心，我已經可以預見他未來的成就！

加油，孟德！把自己當成世界級的人才，用心栽培自己。把自己當成國家未來的希望，用心努力在所經歷的每一片刻。奮發向上，永遠不放棄努力！

爸媽加油站

有愈來愈多的父母已經能接受孩子讀高職，而技職畢業生的升學管道也比以前多太多。國中的學測雖然把一些會考試的孩子挑走，但我們的孩子只要保持積極努力的態度，雖然就讀高職，但考上一流的技術學院仍指日可待，而未來升入研究所讀碩士、博士的路，未必比讀高中來得窄！

在我和許多青少年相處的經驗裡，我常覺得大多數的爸媽都太緊張了。每一次平時考試或段考，都分分必較。孩子名次掉下來一、兩名，就緊張萬分！學測、聯考時更是焦慮不安！

我的孩子也正經歷學測和未來的聯考，我很清楚現在的考試評量不出孩子真正的實力。分數和運氣有很大的關聯，我們難以掌控！但我們卻可以激勵、支持孩子，保持旺盛的企圖心和鬥志，永遠奮發向上，為自己做最大的努力。父母的心情和想法，可是會決定孩子狀況的喔！我們是孩子最重要的啦啦隊！可別做幫倒忙、扯孩子後腿，給孩子洩氣的人喔！

年輕GO!GO!

做一個有豪情的人。我們的人生是場馬拉松競賽，短暫的贏都不是真正的贏！別因眼前一點小小的不如意或挫折，就垂頭喪氣！要有志氣贏在未來，贏在我們人生的豐富和精采！

一個事事順心如意的人，就如同一路在高速公路上暢行無阻的人。如果生活中有一些不如我們期待的事發生，我們反而要心存感恩。這些事的發生，豐富了我們的學習經驗。事情沒有好或不好，只有我們的想法是否是積極正向。任何不如意的事，都是生命的恩典和禮物！

Part2 焦點思考力

一個人不論讀書或做事，要有成就，必須要專注於自己的核心目標。但大部分的人都搞不清楚，自己為什麼要讀書，為什麼要取得學位，自己為什麼要做這份工作，可能一直到浪費了許多心力才恍然大悟，自己並不需要或不喜歡這些東西，這也是我們的抽屜及書櫃、衣櫃、鞋櫃裡，有許多買來用沒幾次，就被閒置的東西，甚至有許多東西買回家，連用都不曾用過，就被一直放著的原因。我們的生活也是一樣，金錢雖然是個重要的資源，但如果我們沒有妥善的讓它發揮功能，它就會讓我們在真正需要買東西時成為困擾！

相同的，如果我們沒有把時間用在真正有價值的事物上，我們就得不到我們要的結果。焦點思考是不斷的自我提醒，讓我們從偏離的航道走回正軌，最重要的是，學習自我澄清和發現自己真正的需求，而不要讓枝枝節節、不重要、不相關的事，佔據我們的生活，更重要的是，我們要學習擺脫情緒垃圾的污染。人際之間的衝突、自己內在的紛擾和挫折，我們都要學習在最快的時間，讓自己恢復平靜和愉悅的心情，並全力以赴做自己想做和應做的事！

每個人在不同時間、不同情境，所認知的「重要」，都不盡相同！我們要了解，遭遇一件事或正在做一件事時，自己真正想要或需要的是什麼。大部分的人都是不知道或不完全知道，但卻在表面上裝著自己很清楚，完全掌握狀況！

一個偽裝自己知道的人，是很普遍和正常的事。自我檢視，就會知道我們對自己的了解是多麼有限，我們甚至不知道或不曾認真思考過，我們為什麼活著，我們究竟要把自己帶往何處，我們在這個社會上要把自己放在什麼樣的位置上，才會讓我們覺得滿足和幸福？

這個單元並沒有要提供什麼答案，而只是要分享一些焦點思考的經驗和方法！

我不要

如果讓孩子自己了解，未來他害怕、畏懼和擔心的是什麼，讓孩子自己去面對和抉擇，那麼結果將會很不一樣。

在我輔導的個案裡，有一半以上是失學或中輟的孩子。我問他們爲什麼不喜歡讀書，他們的理由很簡單：「我沒興趣！」如果問他們對什麼有興趣，大部分的人會回答：「我不知道！」而如果要這些孩子去工作或學一技之長，他們大部分都無法持久，問他們原因，幾乎都是這份工作不適合他們，或是工作太辛苦了。

我曾經輔導過一個個案，輟學在家的文林，白天睡覺，晚上上網一整夜，或整晚和朋友在外遊蕩。文林的爸媽怎麼勸都沒用。

文林來接受輔導時，承諾會改善，但事實上，只有五分鐘的熱度。前兩天準時到校，但之後就遲到、曠課，最後還整天不去學校。學校老師很無奈，因爲文林到校大部分時間都趴在桌上睡覺，老師叫醒他，他還會給老師臉色看。如果老師嚴厲些，文林更會趁老師轉頭寫黑板時，連書包也不拿就跑離教室。

「你可以繼續這樣！讀不讀書是你的事！沒有任何人可以強迫你！」

文林每次來接受輔導，都一臉沈默，不吭一句。我不要求文林一定要回答我的問題，但我要求他一定要用心聽我講話。每個人都有權決定自己要這樣或不要那樣。不讀書的人，在這個世界上，一樣可以呼吸到空氣，一樣會有飯吃！我希望文林認真的思考，今天他國二，時間並不會因他的自我放棄而停滯。一年後他會升國三，有同學繼續讀書，有同學選擇就業。我問文林會有什麼選擇，他的回答是兩者他都不要。我問他，他要什麼。

「我要過自己想要過的生活。」

「什麼是你要的生活呢？」

我們很難明確知道，
我們究竟要什麼；
但我們很容易清楚知道，
我們不要的是什麼。
NON-Flammable
general waste
USEFUL

「自由自在！沒有人管我！我想要做什麼，就可以做什麼。」

我對文林的回答很有興趣，因爲我一生所有的努力都在追求，過自由自在，想做什麼，就可以做什麼的生活！但我想到我的父母年紀愈來愈老，不能一直工作，供我生活和做想做的事，而我自己的生活及做想做的事也都需要錢，所以我需要一份工作，但我能做什麼呢？我一開始是做建築學徒，一天三百五十元。我很滿意這樣的收入，可是一天勞動的付出，回到家，已經累到連吃飯、洗澡的力氣都沒有。

我開始思考，我究竟適合做什麼樣的事，既能讓自己有一份薪水，又可以自由自在地做自己想做的事。我找遍了報紙上的求職欄，高薪的工作通常要付出大量的體力、勞力和時間，我又問自己十年、二十年之後，我可能會結婚，也會有孩子，如果我希望我的妻子和孩子幸福，我該成爲什麼樣的人和做什麼樣的工作？

我自己也不知道自己適合做什麼。當我在當水泥工學徒時，有一天中午休息，我坐在樹蔭下思考，雖然我不知道自己適合什麼工作，但我卻很清楚的知道，我不要一份沒有保障、被別人看不起的工作。我不想每一天爲了錢不得不去工作，而賺到的錢，卻只能勉強養家活口。我不想要辛勞一輩子，卻只爲老闆賺錢，自己什麼前途也沒有，甚至還要爲了工作操勞染病。我不要一談到錢，就唉聲嘆氣，或是別人一提到工作，我就抬不起頭來。我不要我沒有價値，也不要自己沒有未來！

「文林！你要你的未來是怎樣的呢？」

文林很少認眞的聽講，但剛剛的話，我注意到他聽進去了！文林不知道他要什麼，但他很明白的告訴我，我不要的，正是他也不要的。

我分析現在的社會需求，結論是文林不能沒有一張國中文憑。文林如果眞的不想讀書，那就設法混張國中文憑。我告訴文林結業和畢業兩張證書的不同，要怎樣才可以領到眞正的畢業證書。

第一、操行要及格，曠課時數不可超過三十節，如果超過，現在用請假還來得及彌補。文林把我的話聽進去了；但他長期日夜顚倒，早上往往起不來。最後花了兩週，文林才調適過來。後來文林不僅讀完國中，他還讀了高職補校。

我問文林爲什麼會改變，他講了一連串的他不要做一個沒有希望的人，他不要做一個被一輩子瞧不起的人，他不要……

爸媽加油站

你不要孩子成為怎樣的人，只要是從我們嘴裡說出來的，大部分都是無效的，尤其是男孩。他不僅不給別人管，他還不給別人教導的機會。所以，我們只能引導孩子自己去思考，並給自己一個答案。

我們很難明確知道我們究竟要什麼，但我們卻很容易清楚知道我們不要的。「趨」和「避」都是一種力量，當然追求的力量絕對大於逃避；但因為孩子沒有辦法明確的知道，為什麼他要讀書，所以，積極追求向上和向善的力量不易施展。如果讓孩子自己了解，未來他害怕、畏懼和擔心的是什麼，讓孩子自己去面對和抉擇，那麼結果將會很不一樣。

我始終相信人的本能是有理性的，每個人都追求快樂，逃避痛苦。但別因我們的不當關心，而打擾了孩子為自己思考和決定的能力喔！

年輕GO!GO!

拿枝筆和一張紙，列出自己未來最害怕、最不想要的所有清單，例如我不要做一個沒有前途的人，我不要自己是隻米蟲，我不要自己貧窮！我不要未來沒有自由！……試著列列看，用點時間做這份功課，它會幫助我們找到生活的動力！

如果我們已經知道有那麼多我們不要，和不希望的事，那麼我們還要問自己一個問題，我怎樣讓自己脫離沒有價值、沒有希望的未來，以及我如何在未來過自己想過的生活呢？

你是你自己的主人，一切只有你自己才可以為自己做主！如果你厭惡自己是一個沒有前途和未來的人，你的思考焦點就應該在於：我要怎樣才可以擺脫，我要怎樣做，才可以得到我要的呢？

不要惹我

一個人若常擺一張「不要惹我」的臉，真正難過的不是別人，而是我們自己。

我是一個法院的少年保護官，長期和青少年在一起。許多人不了解究竟我手上的這群孩子，他們到底怎麼了，爲什麼火氣總是那麼大，動不動就會發火？臉上還常常掛著一張「別惹我！否則你會倒楣！」的招牌。

許多的爸媽和老師也常跟我抱怨，他們只想關心一下這群teenager，卻常招來「白目」和「機車」的對待！他們常抱怨孩子們有情緒，他們也會有情緒，如果孩子可以發飆，爸媽和老師又有何不可呢？

從一系列的書和故事，我們可能會更了解，teenager的許多觀點的確和大人們的期待有頗大的差異。

大人們也曾是個孩子，但他們當了大人之後，就忘了當孩子時的期待。當我們還是孩子的時候，總希望老師是個夠意思、懂得我們想法的人，我們期待的爸媽，就像二十四小時便利商店，隨時打開櫥櫃，立即可以隨心所欲、毫無限制的供給，但當我們不需要他們時，他們也都能在地球上完整的消失。

師生互動、親子溝通在全世界都是個難題，但事實上，麻煩的還不只這些呢！一個班上幾十個人，有麻吉的死黨，當然也會有很想幹一架的死對頭。每天也都會有誰又說了誰壞話的「八卦」，誰又做了spy告了密。耳語總在這一群和那一群的同學間流傳。朋友、同學是teenager最重要的支柱，絕不容許任何人對自己閒言閒語，可是我們卻對別人新發現的私密，充滿了好奇，會忍不住的打探和閒扯幾句。

看看孩子在網路上的部落格，總寫滿了糾葛不清的老師、爸媽和同學朋友的三角關係。在他們所寫的故事裡，你會發現其實只要換個人名和場景，幾乎每天都發生在我們的校園和家裡，但更多的是，在網路和某個角落裡不斷重複演出。

我們不了解自己，到底在煩些什麼，好像世界上沒有一件事是合我們意的。我們眞正的期待是什麼，我們也不是那麼了解。青春的日記總是充滿了紛亂和不知所云，但這一切都會是我們生命非常重要的一段旅程。珍惜它！多一些了解，少一些批判，每一個人都在演練他現在手裡拿著的劇本。我們只是在不斷的排演，所以每一個人都不是熟悉和完整的了解自己的角色！多給自己和別人一些時間和機會！

如果我們是不自覺的掛上「不要惹我！」的招牌，記得多給自己和別人一點微笑。沒什麼事是大不了的，事情總會過去，明天一樣會到來。昨天認爲非常重要，絕不可放鬆的事，今天可能大家都忘了！如果不是那麼了解自己和別人，在我們感受到不舒服，很想做些驚天動地的事情時，給自己和別人多一點時間，你就會了解這個世界上沒什麼事是大不了、不能解決的！

☺爸媽加油站

在充滿著快節奏步調的社會裡，好像我們不快一點，就會跟不上別人。如果有機會，你可以坐在台北車站的人行道旁，看看這群匆忙的人，看似很有效率的從這裡要趕到那裡，但是，仔細去觀察，我們會發現真正有重要急事要去辦的人，其實不多。我的意思是：學習放輕鬆，保持一顆平穩無慮的心，才可以讓我們有愉悅穩定的情緒，也才不會動不動就拉長面孔，向我們周遭的人宣示「不要惹我！」。

這篇文章，我想傳達的訊息是好好看顧我們情緒。有好的情緒品質，我們才能把「事」做好。如果每一個人的心情都是ok的，其他的就都會沒問題。

把我們的注意力放在此時此刻——「我的心情還好嗎？」焦點思考就是把我們的注意力放在最重要的事情上，沒有一件事比我們的心情重要，而任何事都會過去，它只是一個經歷而已。放輕鬆，才能讓潛在能力發現最關鍵的機會！

年輕GO!GO!

經常檢視我們內在的緊張，是否我們這時已經弓起了肩膀，脖子僵直，頭腦反覆在練習我們即將面對的問題？不需要去做什麼放鬆練習，只要注意到此時此刻的心情就夠了，因為一旦我們注意到，我們自然就會放鬆！

一個人若常擺一張「不要惹我」的臉，真正難過的不是別人，而是我們自己。會受我們影響的人，都是愛我們、關心我們的人，但我們卻不肯直接用明白的言語傳達我們的訊息，而要把所有的不愉快寫在臉上。我們不是在懲罰令我們不舒服的人，而是在懲罰我們自己！

沒有好心情，就不會有好的思考品質。經常提醒自己，量一量自己的情緒溫度在哪裡。保持自己內在的自由，不要輕易被不重要、不值得的事綁架喔！

就爲了一隻拖鞋

有錯都是那隻死拖鞋的錯，我建議判它三個月徒刑，把它關到櫃子裡好好反省。

伊珊是我輔導的個案。剛開始輔導她時，我覺得她好像不太需要接受輔導，不過多幾次接觸的經驗後，我才了解，其實只要符合她的想法和期待，她就會有很好的回應；如果我的處理和她的期待不一樣，她就會沈下臉來，然後很情緒化的否定我所說的一切，甚至用惡毒的話批評和攻擊我！

有一次，伊珊和媽媽發生衝突。母女倆各說各話。我覺得她們都有理，也都沒有理，只是爲了誰沒把拖鞋擺好，就吵了一星期。

伊珊的媽媽認爲自己只是好意提醒伊珊要把拖鞋放好，伊珊卻認爲媽媽在指責她沒把拖鞋放好，而且她明明就沒碰那隻拖鞋，最後母女倆還把舊帳全翻出來吵。

我覺得這是一件小事，不值得爲一隻鞋是不是有擺好，影響所有該做的事。我的話讓她們母女更生氣，她們覺得事情總有個公道、對或錯。

伊珊認爲是媽媽誤解她，還把事情四處傳開，所以媽媽理應欠她一個公道，該向她道歉！

伊珊的媽媽覺得是伊珊被寵壞了，當父母的難道不能提醒孩子或教導孩子？她也沒說是伊珊，她只是問她，鞋是誰又沒放好了，沒想到伊珊就發飆了！伊珊的媽媽認爲這是什麼態度，當孩子的可以對爸媽這樣嗎？

「請問爲這隻未擺好的鞋，你們準備再吵一星期、兩星期，還是一個月？爲了一隻未擺好的鞋，母女反目成仇，全家已經爲此受了一星期的折磨，還要損失更多嗎？接下來是不是準備來個生死決鬥，拚個你死我活，才甘心呢？」

伊珊和媽媽終於稍微緩和了情緒。她們兩個人都受了委屈，但沒有人是故意要激怒對方。兩個人都是受害者，沒有人是加害者。有錯都是那隻死拖鞋的錯，我建議判它三個月徒刑，把它關到櫃子裡好好反省。如果下次再無端惹事，就絕不輕饒。

我看她們放鬆了心情，就多開了一點玩笑，還要她們家裡的人和東西都要乖乖聽話，一有錯，女王陛下和公主殿下絕不輕饒。我原以爲這樣的玩笑可以博得母女一笑，沒想到兩個人都板起了臉。我趕快見風轉舵，立刻請罪，請她們饒恕我亂講話。她們沒再生氣，但似乎也忘了她們剛剛吵得不可開交的場面，竟然彼此討論起午餐要去哪家餐廳吃飯的話題，也似乎忘了我小太監陪笑一旁，努力化解她們心結的功勞！

「一起去慶祝兩國重新和好，但別忘了給我這個媒人一點賞識，謝謝我的精采演出！」

她們嘴裡說了謝謝，卻只顧急著好好討論擱置已久的話題，有說有笑的匆忙離開我的談話室。天啊！她們母女兩人是來對我情緒騷擾的嗎？

她們走後，我獨自在談話室多坐了一會兒。的確，每個人都期待自己像個至高無上的皇帝，我們是不能被輕易冒犯和輕忽的，我們也期待別人全心全意的看重我

們，如果沒有那麼恭敬和謹慎的關照我們的情緒，我們就會不舒服，就會被觸怒。我們就會把不舒服擴大成攻擊的火力。我們非要對方屈服不可，甚至我們的不舒服還要讓我們置對方於死地不可！

可惜，沒有人是眞正的王。有權有勢或有錢的人，常會藉著別人對我們的依賴，表現得像一個皇帝，爲所欲爲。但當對方屈服順從於我們的威權，我們又會心生內疚，設法在物質或金錢上彌補對方的委屈。

不論在機關、企業及教室、家庭的互動裡，我們常常會被自以爲是「國王」的人冒犯，不過我們也必須常常自覺，我們在情緒上一不小心就會像個國王般的自以爲是。明白的說，這是一種自私而不成熟的表現，只在乎自己的喜歡，很少去在意別人的想法及感受。

你如果常常如此，周遭就會常常有敵國的國王來犯。如果我們的生命常浪費在一些瑣碎的小事上，我們不僅不會是個國王，還會成爲被自己情緒綁架的人。眞正的王是充滿著喜悅，走到哪裡，都不自覺的被別人親近和喜歡！

爸媽加油站

爸媽在孩子小時候，就是孩子的王。我們決定了孩子的一切。但當孩子九歲左右，我們要開始放下為孩子做決定，或讓孩子以我們為中心的習慣，開始讓孩子學習做自己的主人，做自己的國王！

一個家總是有個影響力比較大的人，這個人通常是家裡經濟來源的貢獻者或是具有能力的人；但在許多家庭裡，往往有得不到主控權，就會情緒失控的人，或情緒上敏感，易受別人言行打擾的人。

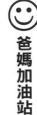

對這樣的家人，若企圖用教導的方式，通常會適得其反，若我們調整一下彼此對話的方式，多用詢問句，由對方講出該做的事或承諾，這樣除了可以避免衝突，還可以讓事情的執行更有效率！

更重要的是，不論爸媽或孩子，都必須要學習，學習避免我們的內在自以為是個「王」，以免讓我們常為了小事，而製造大大的情緒垃圾。每個人都是個王，沒有人是僕役或侍臣。只要能看見我們心中蠢蠢欲起的王，就能時時注意別人內在自以為王的自我！

年輕GO！GO！

每個人都有著不同的特質，有人掌控別人的欲望很強，有些人較容易順服於別人。但每個人都有自己的獨特之處，我們要先了解自己的獨特是什麼，優勢在哪裡，我們自己有哪些弱點。

不要企圖改變自己什麼，你就是你！相同的，也不要企圖改變別人什麼。「他」或「她」都有著他們的獨特之處。每個人都是以自己為中心來看外界，客觀和無私是個名詞，卻少有人能完全超越主觀和自私！

我們用我們獨特的觀點看世界，別人也用他獨特的眼光看我們。我們自以為是個王，別人也是如此。

賞識自己的獨特，但也容許別人和我們的差異，這樣我們就可以進入平和的世界，專注的做我們想要做的事！沒有不對或不好的人，只有不同的獨特！

差一步就成功

激勵孩子持續的保持著全力以赴、努力的熱忱，我們一定可以看見孩子有著豐富的人生、富有和成就，不是金錢或頭銜，而是生命中我們內在的經歷和自我的肯定。

柏利是我的朋友，各方面能力都很出色。柏利年輕時充滿著企圖心，他從最基層的業務人員做起，由於他的認眞和努力，不久就升組長、科長。

柏利一直有個企圖心，要做這個行業最傑出和優秀的人，事實上他是很有希望的。但在升職時，他的上司以他太年輕，要多歷練爲由，否決了他的升職，而讓業績比他差的同仁當他的上司，爲此他十分鬱悶。

柏利覺得這不是一家可以信賴和依靠的公司，最後在衆人反對下，柏利離開了任職的公司，另外創業做地區經銷商。

由於柏利要求嚴苛、脾氣暴躁，業務員都受不了他而紛紛離職，最後柏利還因爲業績考核太差，被取消了經銷資格。柏利一直覺得自己是個人才，所以多次應徵不同行業的業務人員。

剛開始，柏利自視甚高，認爲只要給他機會和資源，在短期間內，他一定可以拿出業績，可是幾乎所有的公司都要求他從基層做起，而他也願意用業績證明自己的實力，只是幾次挫敗之後，柏利幾乎垮了！

有一天，柏利來找我聊天。柏利問我，老天爲什麼不給他機會？像他這麼優秀的人，爲什麼要一再的讓他挫敗？他做錯了什麼？

柏利這幾年也一直反省自己，卻始終沒有找到答案。柏利是如此勤奮敬業和認眞，一天工作二十四小時，他可以完全投入，爲什麼他沒有機會成功呢？

我分析柏利這幾年的工作，每一次他幾乎都要成功了，卻放棄繼續努力，而另找工作，從頭開始。以柏利第一份工作爲例，這家公司確實沒有及時重用他，但並不表示柏利沒有機會，第一次雖然沒有升到職，但如果他沒有離開原工作，我相信他現在至少能升到副總。

接下來的許多工作，柏利都是經歷了基層的第一線工作，公司才剛開始知道他，準備好好栽培他，他就已經對這個公司因爲延遲重用他而離職。所以，柏利就在許多公司的基層轉來轉去，最後他自己都心灰意冷，失去了鬥志和熱忱，當然他就更沒有機會了，後來還因表現太差而被解雇！

任何一個專業，都要有相當期間的歷練，等自己具備了所有的資格和能力，接下來就是等待最佳時機嶄露頭角。柏利不是沒有機會，而是他提早放棄了。當然，他只重視業績，而不重視與人互動。累積自己人力的資產，靠自己一個人的努力是有限的。十幾年的歷練，他做任何事，都應該有一堆人可以協助他；但他自視很高，總以爲自己才是人才，別人什麼都不是。

每任職一處，就有一票人給他負面的評價。他原以爲換一個跑道，那些他看不順眼的人，就礙不到他。事實上，間接的風評比直接的評語更具影響力。

上天一直都給他無數的機會，例如最近的一次，他具備了所有的機會可以一展

用一顆謙卑的心，
服務他人。

身手，表現自己傑出的業務能力，但是他卻放棄了，只想混份薪水，不肯付出，當然也就不會有收穫！

柏利希望我給他一點建議。我分享我自己的工作經驗，二十年都在基層的第一線，我沒有機會升職嗎？我想不是！而是我很清楚自己要的成就是什麼。自己的優勢在哪裡，我不斷的累積足夠的資源，再做最後的出擊。給自己的職涯留下美好的紀錄，得的未必是高職或高薪，而是內在的喜悅與成長！

再給自己一次機會！把之前累積的經驗，在這次做最完美的演出！最重要的是，不論遇到任何困境，一定要堅持到底！柏利不久就再找到工作，他不急著馬上要成功，他開始學會給自己最後的成功留下機會，並享受前往成功的過程！

爸媽加油站

教養孩子更是如此，每一點一滴的努力，都是前往成功路上的過程。成功是個過程，而不是結果！激勵孩子持續的保持著全力以赴、努力的熱忱，我們一定可以看見孩子有著豐富的人生、富有和成就，不是金錢或頭銜，而是生命中我們內在的經歷和自我的肯定。

我們常會被一些我們看不起，卻位居高位，握有大權的人惹惱，這些人何德何能呢？不要因此而感到難過，而是我們要謹慎當自己擁有權勢時，是否仍能保持謙卑的心服務別人？

相同的，我們現在身為父母，我們是否忘記我們還是一個孩子時，一切都要受制於父母權勢的委屈呢？想想我們是孩子時，我們許下了什麼願望，有一天我們成為父母，我們要做什麼樣的父母呢？我們還是一個基層員工時，我們對上司和長官有什麼樣的期待呢？

我們不會是個失敗的父母，我們一直在累積成功的經驗，更重要的是，我們不要忘記從孩子開始，我們已經在學習如何成為一名稱職的父母。重新整合我們累積的經驗和資源，我們會清楚：為什麼我們常會觸怒孩子或愛孩子的過程常不自覺就讓孩子帶著傷痛。

我們一直都是最棒的父母，如果不是，我們就不會如此努力的要學習和成長！別輕易就自我否定，更別放棄努力！好好享受身為父母的每一片刻，每一個人都會是成功的父母！

年輕GO!GO!

每個人都渴望成功！在學業上完成最高的學位，在事業上攻下最頂尖的位子，然後呢？我們是不是從那個時候開始過著幸福美滿的生活呢？環視一下，擁有這樣資歷和條件的人，他們是否每天都享受著快樂美滿、無憂無慮的生活呢？我不知你認識的人有沒有；但我認識的人中，卻幾乎沒有一個是！在頂尖位置的人，工時更長，更沒有時間做自己想要做的事或陪伴自己的家人及孩子，所以呢？想想你要的成功是什麼，更重要的是，如果一個人提早達成人生所有的目標，接下來的時間要做些什麼呢？繼續找更高更大的目標？

別急著早得到或領先別人得到，只要我們沒有放棄，我們要得到的，一定會得到，在得到之前，何不好好享受這其中的過程呢？

自我管理

父母的生活習慣會直接影響孩子。如果我們常和孩子談的是運動、睡眠、健康、快樂的話題，孩子很自然的注意力也會在這裡。

「我爸爸最固執！媽媽最囉嗦！」

「我們老師最機車！」

「我的同學最自私！」

「偉業！你要告訴我你遇到了什麼不順心的事，怎麼到現在還在不舒服？」

偉業不作聲，但可以感覺得出來，他仍然覺得不高興。問清楚原因，是他昨天晚睡，所以早上起不來，媽媽爲了叫他上課，氣得用冰水潑他。他一肚子火和媽媽吵一架，後來氣呼呼的到學校，卻遲到了，當然免不了被罵和處罰。老師罰他拖走廊，他很不爽，當然就隨便亂揮一氣，同學又向老師告狀。

一連串的事件讓他覺得這一整天都是別人在找他麻煩，幸好他要來報到，能請假離開學校，否則還不知會再惹出什麼禍來！

我分析他沒什麼不對。起因是偉業晚上睡不著，就爬起來看電視，結果一看就著迷了，到凌晨三、四點才睡覺，這麼晚睡，早上當然起不來。

偉業的媽媽也是基於她的責任非叫醒偉業不可，偉業在熟睡中被用冰水潑醒，當然是會不舒服，不過如果偉業能了解自己在想睡又不能睡、精神不好的情況下，會惹出許多禍事來，我相信偉業會比較謹言愼行。

但一個人沒睡好，精神不好，確實不太可能有什麼好態度，當然別人也會因我們不好的態度，而回應我們難看的臉色！我們會因此而不舒服，結果惡性循環，很自然的，偉業今天一定倒楣事接連不斷囉！

我看偉業精神不濟，哈欠連連。我告訴他，如果他現在回家去睡覺，晚上可能又睡不著，那明天早上又要重演今天的惡運，所以即使他現在很睏，也要忍耐一下。

我泡了杯茶給偉業，偉業卻覺得我故意為難他，因為他累了，我還故意找他麻煩。我等他茶喝得差不多了，才開始和他談話。

每一天都是很重要的，我們這一天過得很認眞和充實，有很多的付出，我們在晚上就會有很甜美的睡眠。睡眠有障礙的人，大部分是生活沒什麼重心，白天大部分時間都是在虛度、發呆、打混，有空時間也少有安排自己去打球或運動，很自然的，身體沒有勞累和疲倦，晚上睡覺就會睡不著或惡夢連連，沒有很好的睡眠品質，很自然第二天就會沒有精神，當然做起事來精神就會不好，就不會有好口氣和耐心來對待別人，我們的生活就會招惹一些我們不期待和不愉快的經驗。

如此的惡性循環，我們對自己及生活，就會感到厭煩和沒有意義。自我管理的第一步，就是把自己的睡眠管理好，有足夠的休息才會有好的工作品質。想要做到這一點，從現在開始就要為晚上的這一覺做準備。

我的說法引起了偉業的興趣。平常偉業的爸媽、老師，就只會要求他要用功！

要專心！從未和他談要他好好休息，有充足的運動。

大部分的現代人都不太捨得睡覺，每天早上我搭捷運或公車，百分之九十的人幾乎都是睡眼矇矓。一天二十四小時，我們分配給睡覺三分之一的時間，一般人都覺得自己沒時間睡覺。仔細分析，大部分時間都在做一些可以不用做的事，看電視、上網或打電話聊天、護膚美容、看小說或漫畫，很少有人會把運動和睡覺當成重要的事。

身心靈的健康是一體的！沒有強健的身體，休想有很平和寧靜和充滿活力的內在，把每一天的生活都做很好的規劃和管理，讓自己保持著旺盛的生命力，我們就可以帶著信心、毅力、勇氣充實我們生活的智能和經驗，我們每一天思考的焦點，不是一直想著要衝刺和達成，而是要學習讓每一天都是自己期待和歡喜的，而睡得好與否是很關鍵的一件事！

「我們的所有努力，都只爲了好好睡一覺嗎？」

偉業精神好多了，我一直都在對他講睡覺的話題，讓他的頭腦想的就是睡覺！睡覺！不過他問了一個好問題！

睡覺不是我們努力的目標，而是有好的睡眠會讓我們有體力和精神，我們就比較容易正向思考事情，在生活中，我們就比較容易做出我們期待的事，我們的遭遇也會因我們的身心狀況是正向積極的，而吸引相類似的機會，人際互動過程會給我們較多的肯定和鼓勵，那些我們不期待的事，就較不易出現！

我們的身心狀況決定了我們看待事物的態度，也會決定我們的遭遇和命運！偉業會一直抱怨周遭的人，是他不了解，別人會這樣對待他，是對他的身心狀況所做的反應！

學習了解自己。我們要的快樂，我們要的肯定和鼓勵，都源於我們自己是不是個充滿正向能量的人。把我們自己管理好，自然就會有好的境遇！

☺爸媽加油站

在日常生活中，我們有太多要注意的事，我們的工作、我們的家庭，但我們很少關心我們自己，今天我們一切都好嗎？此時此刻我的精神狀況如何呢？如果以零~十分來評量，我這時的狀況是幾分呢？是七分以上，還是五分以下？大部分時候，我們都會處在五、六分不好也不差的狀況。

我們可以更好一些。先開始安排每一天都有半小時以上的運動時間，讓自己有機會流一身汗，晚上盡可能不開電視和電腦，讓自己真正的休息，再把睡覺時間做很好的規劃。一天至少要有七小時以上的睡眠，一切都是為了更美好的明天做準備！

父母的生活習慣會直接影響孩子。一個經常和孩子提到錢的父母，孩子很自然會把注意力放在金錢上。如果我們常和孩子談的是運動、睡眠、健康、快樂的話題，孩子很自然的注意力也會在這裡。

一個人佔有再多，如果夜夜為失眠所苦，非要靠藥物無法入眠，每天要把自己的時間搾到乾了為止，睡不飽，常覺得精神欠佳，常因自己的不舒服情緒而觸怒別人，在生活中看見的常是別人不愉悅的面孔，欠缺快樂的生活，我們的人生就不會有希望和光彩。

我一直認為父母送給孩子最珍貴的禮物，是共有的愉悅時光和父母的生活態度和習慣。爸媽把自己管理好，很自然的，家就是個最棒的樂園！

年輕GO！GO！

管理好自己的生活，不是個口號，而是每一天要去做的事。如果你覺得這些話題是無聊的、沒必要的，顯然你不曾有過類似的困擾！如果你覺得自己每一天都過得十分漫長和痛苦，顯然你沒把自己管理好！

第一步要做的事，先準備睡一個好覺！我發現大部分睡眠不足的人，都習慣看電視和上網，試著不去打開它們，你會發現時間突然多了起來，而且離睡覺還有好一段時間，你已經開始想要睡覺了。

我們有許多諺語，都要我們努力用功，不要貪睡。我卻認為連覺都睡不好，還能把什麼事做好呢？但功課沒做完怎麼辦？每天都給自己一個時間表，五樣功課有三個小時可做，每樣功課都要在時限內完成，養成專心一志，一定在時限內完成的習慣。

多練習幾次，你就會發現，做事和讀書都變得更有效率！人的頭腦很奇特，沒有時間壓力是擠不出作品的喔！拿個計時器，絕不和時間妥協，在固定的時間內一定把該做的事做完，每天你都可以賺到許多睡覺的時間喔！學習管理好自己，我們才能應付未來的各種考驗。做個有原則的人，天塌下來都要睡個好覺喔！

以暴制暴

你可以繼續抱怨爸媽，他們是如何不如我們的期待，不夠完美！不夠好！但你也可以試著去了解爸媽，他們真的了解他們自己的言行嗎？

「我覺得我自己像個賭徒，把生命的所有都在婚姻中給輸光了！」

「我怎麼這麼倒楣？有個暴力爸爸，還有一個瘋子媽媽！」

建廷是我輔導的個案。建廷的媽媽嫁給了一個外表斯文，但有暴力傾向的丈夫。建廷和媽媽來接受輔導，幾乎都是輪番的述說著自己家中的垃圾。有許多內容，我已重複聽了很多。剛開始我都讓他們暢所欲言，等彼此都建立了良好的互動和信任關係，我再單獨問建廷的媽媽，在十幾年的婚姻暴力中，她學到了什麼。

「被打時不要頂嘴，也不能還手，否則會被打得更慘！」

「還有呢？」

她猶豫了好一會兒，大滴眼淚滾了下來，帶著淚水哽咽的說：「早點死掉！」

十幾年的婚姻暴力，她經由法律程序得到的不是保護，而是更加的恐懼，最後她認命，只要先生晚回來或他開始喝酒，她就跑到外面躲起來。十幾年來，她經過了許多努力，她曾珍惜她的先生在清醒時對她的溫柔和體貼，但後來見到她的婆婆在眾晚輩面前挨公公的打，四十歲的先生被公公當眾羞辱，甚至還在飯桌上因意見和公公不一樣，當眾被潑飯、辱罵髒話。

她覺得先生的暴力行爲，來自於從小未被尊重和了解。她無能爲力改變，最讓她傷心的是建廷也學他爸爸，只要一有不順心，就罵三字經、摔東西，還曾差點要對她施暴。她曾想過要離開，但她不知爲什麼內心就是有牽絆。

我分析她先生的暴力除了來自學習，也是來自他無法處理內心的挫折和困擾。他會去喝酒是遇到了不如他期待的事情或他改變不了的事。他不了解，許多事情的發生與他無關。他可以選擇他所有的一切，包括他要不要生氣。

她的先生並不快樂，也沒有能力管理他自己，他不懂得愛自己。他所有的心力只處理兩件事：一個是他的性需求，一個是他內在的紛擾。如果他的內在不被這兩樣需求困擾時，他才偶爾是一個被期待的先生和爸爸。

他是一個不知道自己已經生病的人，他的周遭也沒有人了解。他所有的行爲都是因爲他生了病，很可惜我們的許多醫生，大部分都只會治身體上的病，不會治療心理的病。她不需要改變她的先生，但她一定要了解他是生病的人，他需要的是了解和協助，而非譴責，十幾年來，她做了所有的努力，就是少了一些了解和有效的協助。

建廷的媽媽深嘆了一口氣，她之所以會離不開，就是她了解她的先生不是故意對她施暴。她常常可憐他酒醒之後不敢面對和想藉機彌補過失的內在；但她是個人，被打的恐懼還在，他的善意常遭她惡意的傷害，惡性循環下，就讓她的先生更受挫，累積更多暴力的能量。

事情就是這樣，一個受傷害的人，有機會，她也會讓對方受苦。她也知道要如何讓她的先生喝酒回家後不是吵鬧打人，而是乖乖的去睡覺；但她常覺得她是故意要讓她的先生自作自受得到報應，她故意讓她先生看到她離家出走，她甚至故意躲著看他氣急敗壞的在深夜吼叫咆哮、摔東西，引起鄰居不滿或報警。看到他在衆人面前受屈辱，她就覺得自己好過一點！

「這是你學到的經驗，也是你想要的家庭嗎？」

建廷的媽媽用苦笑，回應我有點嘲諷的問題。沒有人會期待自己的家是這樣！誰不期待家充滿著喜樂和幸福呢？我再問建廷媽媽：

「這樣做你學到了什麼？」

她又再次落淚！

建廷的爸爸也在經驗中知道她的詭計，他故意回家不作聲或提早到家，她很疑惑他的暴力是蓄意的，他故意鎖門，拉斷電話，用言語或行爲激怒她，讓她先生有藉口對她動粗，雖然他常喝完酒後口齒不清，但她聽得很清楚，她的先生在和她算她讓他不舒服的舊帳。

她看他這麼在乎她，有些得意，建廷的媽媽心裡想著：「我無法在身體上抵抗你，但我也有能力讓你痛苦受折磨！」

在建廷媽媽愁苦的臉上，不經意的從嘴角露出了短短一瞬間的得意；但她立即轉換屬於她的原本的悲劇角色。

「你有沒有覺得你也是個暴力分子，只是你使用的不是拳頭，而是頭腦！」我是用開玩笑的語氣在敘述。建廷的媽媽長期累積的負面情緒，很自然會利用各種可能的機會宣洩出來，這是人的本能！我希望她能藉著對自己的了解，去了解她暴力的先生和兒子，有許多時候反而是她導演著整個劇本的演出。

人遇到不舒服，很自然的會利用機會讓對方也嘗到不舒服的滋味，她用的是非暴力的方式；但給對方的痛苦程度，未必比暴力來得小，只是她的先生和兒子，已經習慣用暴力方式回應她給他們的不舒服而已。

建廷媽媽對我的分析，很自然的捍衛和辯解。我完全接受她的想法和不平。暴力是不好的溝通方式，但它確是一種溝通的方式。暴力的出現有許多的歷程，我們可以轉換我們要的劇本。我的努力是希望她得到她要的幸福，讓她先生和孩子的暴力行爲能逐漸的減少和舒緩。

「任何的改變都是從我們自己開始！就是從我們不期待的事件中，了解自己真正的需要，學習用可以得到結果的方法應對！」

對自己以外的世界，我們沒有任何能力改變，只能試著學習了解和改變自己，不過我們會在自我了解的過程中發現，我們的內在充滿著變化不定的想法和不理性的衝動。我們的內在常有歧見和衝突，所以我們常很難說服自己放下過去的紛擾，享受此刻的寧靜！

爸媽加油站

夫妻的相處是多麼不容易的一件事，來自不同家庭的模塑，從有形的生活習慣，到無形的價值觀和思考模式，沒有對或不對！夫妻之間只有不一樣的人而已，因為彼此有強烈明顯的不同，我們才有機會深度的看見自己，因有衝突，我們才能知道，我們的堅持常是無關緊要的一時情緒而已。

感恩我們結了婚，感恩婚姻過程的諸多學習機會。家庭暴力絕沒有人會期待，包括施暴的當事人。他們自己都不了解要的是什麼，為什麼在同一個泥坑裡重複跌倒？放下我們的譴責和對抗，用一顆平和的心去看這些施暴的當事人。

他們大部分也曾是家庭暴力的受害者，他們也很痛苦於欠缺自尊和自信的自己，他們需要的是更多的了解和撫平他們的創傷。他們並不快樂！他們需要懂愛的家人，做他們最好的心理醫生！

我們從日常生活中的遭遇，學習去了解我們期待的結果是什麼，並改變我們得不到結果的應對模式。我們會在未來感恩此刻。生命終究會是個恩典，而不是痛苦和懲罰！

年輕GO！GO！

你可以繼續抱怨爸媽，他們是如何不如我們的期待，不夠完美！不夠好！但你也可以試著去了解爸媽，他們真的了解他們自己的言行嗎？

大部分的人在大部分的時候都是隨著情境講些應酬話，有些時候會隨著不同的話題誇張事實，或配合話題，曲解自己的認知，因為我們自己也常這樣，不是嗎？

暴力和不好的教養會一代禍延一代；但有覺知和學習的人，就能終止這樣的不幸。

從父母的給予中篩選出晶鑽和黃金，把有毒有害的言行習慣，全數過濾！做個為自己負責的人，千萬別在未來讓我們的另一半和孩子，因我們的偷懶不肯學習而受苦。爸媽也是在生命的歷程中學習，我們如果能從他們的錯誤中得到寶貴的經驗，所有的錯誤，就會是最有價值的寶藏喔！

雙贏的思考

從小，我們的小孩被訓練要打敗別人才可以得第一名，從未被教導怎樣讓每一個人都是第一名。成為一個能鼓勵別人、成就別人的人，我們的孩子才有機會和別人一起共創美好的未來。

在我輔導的個案中，漢翔和嘉強兩個人因爲傷害彼此而接受保護管束。在輔導過程中，他們也曾有過彼此衝突，因此我特別安排不同的時間讓他們分別報到。可是單獨報到輔導時，他們又會互相打小報告，告訴我對方在學校又闖了什麼樣的禍，又做錯什麼樣的事。

最近他們又再一次因爲互控傷害而被移送法院審理。他們兩個都不是壞小孩，只是互不相讓，尤其言語上都尖銳和刻薄，一有機會就夥同其他同學相互嗆聲放話，學校功課也因此一落千丈。這一次因爲他們的糾紛牽連一票同學打群架，所以被移送的還有其他的同學。

他們的爸媽在調查時都十分無奈，我特別把他們兩個單獨留下，因爲他們一開口就彼此爭辯。我各發一張紙給他們，要他們各自寫出對方所有的缺點及令人討厭的地方。他們對坐，各自奮筆疾書，大概列了幾十條。

我要他們在缺點之下各自舉實例說明，是什麼時間、什麼地方、做了什麼事或說了什麼話，讓他們會有無恥、自私、可恨、可惡的觀感。我將依據他們的陳述來決定誰要負最大責任。

他們寫得很辛苦，因想不起具體的事實而把一些指責的字詞刪掉。我提醒他們，寫下來的東西要負責任，要有證據，而且客觀上要能讓其他同學認同。

寫完，我還會彼此交換，讓對方有辯解機會。他們還是各寫了十條左右，我要他們標明哪幾項是讓他們非打對方不可的原因。

指責別人還眞是比較容易的，我接下來要他們寫下自己生活習慣、人際互動的缺失和需要改進的地方，寫完後再給他們一張紙，寫出至少十項對方獨特、和自己不一樣的風格，以及在這件事上他們學到的十項心得。

他們都寫完了，我先讓他們交換看，自己覺得有意見或要陳述的用鉛筆畫下來。我先讓漢翔逐項的說明嘉強的批評，剛開始，他很激動，怒目相視，口出惡言，等到他看到嘉強覺得他獨特之處後情緒才稍微好轉。

嘉強情況也類似。我告訴他們這很正常，即使對方說的都是實話，但只要是批評，很少人會樂於接受，尤其是我們不喜歡的人所做的批評。

兩個孩子其實都頗客觀的指出對方的缺點和獨特之處，但兩人共同的特性就是容易衝動，主觀、做錯事不肯認錯，獨特的地方是很有正義感，喜歡指揮主導一切！而這和他們自己認爲的缺點其實差不多。

兩個人都是很不錯的人，也許不要在同一個班級，或許會成爲很好的朋友。因他們是再犯，有可能會被裁定感化教育。我的看法是只要裁定一個，傷害事件就不會再發生了，所以，就由他們兩個人商量該由誰去比較公平和合適。當然，剛開始他們都討論到誰該爲這件事負責。我的看法是希望他們討論，誰是留在原學校就讀最有利和最有成就的人，他們也都允諾會好好用功讀書，不再貪圖玩樂。可貴的是他們除了爲自己爭取，也希望法院能給對方機會。

「在這個世界，只有眞正優秀的人，才會賞識別人、成就別人。」

我不期待他們是講義氣，要犧牲自己成就別人。我希望他們是肯定自己，也能賞識別人。兩個都是未來很棒的人才，若只是爲了小事就想要毀掉對方，相同的也等於是毀掉自己。

聰明的人是在成長的過程不斷的尋找未來共同努力發展的成功夥伴，只有笨蛋才會四處樹敵，尤其是讓比自己能力好的人，成爲自己的敵人，而不是朋友。我們應該要思考的是如何讓彼此都能成功，而不是嫉妒傷害對方！

「兩個都是有衝勁和影響力的同學，結果是害其他無辜的同學要陪你們一起因共犯之名上法院，這樣就不是一個好領導者。好的領導者是帶領別人走向希望和光明的大道！激勵別人和自己一樣做最大的努力！」

我建議法院兩位都裁定觀察。只要能學習彼此賞識成爲朋友，就給他們兩個人再一次機會，否則兩個人都應該裁定感化教育！因爲枉費自己的聰明才智和父母親的期待和辛苦，不值得給他們機會！

「回去的功課，就是思考怎樣賞識對方的獨特，要每天見面都讚美對方的長處！」

讚美、賞識別人，我們才有機會得到別人的賞識和讚美。

沒想到漢翔和嘉強在開庭時已經化解仇怨，不僅沒有爭吵，還成爲朋友。法官問他們以前做不到，現在爲什麼又可以了呢？

他們的答案居然很一致，都說以前只在乎自己的好就好，現在卻會注意到怎樣讓對方也好！

☺ 爸媽加油站

這是一個團隊合作的社會，許多孩子並不是輸在能力，卻是輸在人際關係欠佳。

從小，我們的小孩被訓練要打敗別人才可以得第一名，從未被教導怎樣讓每一個人都是第一名。成為一個能鼓勵別人、成就別人的人，我們的孩子才有機會和別人一起共創美好的未來。

爸媽若別關心自己的孩子名次在哪裡，只想贏過別人的孩子，為什麼不多了解我們的孩子是否快樂？與同儕相處時，他受歡迎嗎？我比較在乎我的孩子是否勇於參與各項活動，自己即使沒有參加，也要學習做一個給別人掌聲，給別人肯定鼓勵的人。

一個人若無法和比自己優秀的人共事，未來就只能用到奴才型的人，而無法用到真正的人才。

這個世界是由人才決定勝負的，孩子和手足或同學間有爭吵，父母、老師不是扮演法官的角色，而是引導孩子去思考，在有限的資源裡，如何才能讓每個人都能得到滿足，怎樣才可以我好，你也好呢？

古代有些錯誤的引導，要我們做個犧牲自己，成就別人的人。認為要成就大我，就要犧牲小我，這是謊言。小我沒有得到照顧和滿足，如何有心力去完成大我呢？一個人一定要先照顧好自己，才有立場去思考，如何讓別人和我一樣享有一切！因為別人也能擁有，自己的擁有才有保障！

我們教導孩子的思考，是讓每個人都能贏到自己要的。每個人要的成就不同，這個世界就會有多彩多姿的美麗呈現！

年輕GO！GO！

每個人都有恐懼，別人好，是不是代表我就不夠好？其實我們要有自信，每個人都是天才，只是天才的地方不一樣；每一個人都很棒，只是優秀的地方不同而已。

一個能賞識別人的人，才是真正優秀的人；一個能和別人共享成就的人，才是一個有成就的人。在多元競爭的世代，打敗別人的流血廝殺模式已是落伍的過去。如何不斷的激發每一個人的優勢能力，共同創造一個沒有競爭敵手的舞台，才是我們要努力的目標。只贏過同班同學或同校同學又怎樣呢？還不如和同班同校的同學，善用每一個學習的機會彼此鼓勵成長，做一輩子的朋友來得有成就！

Part3 積極思考力

我的孩子讀國二時，學校舉辦排球比賽，他是班隊的選手之一，他們很積極的練習，但贏得第一場之後，他們卻開始有壓力。有同學擔心萬一輸了，被打入敗部要多比兩場，在大熱天裡，這樣會很辛苦。我問他，萬一贏了呢？他告訴我只要再比兩場就可以進入冠亞軍賽，如果贏了，他眉飛色舞的表示，那一定是超爽的！看他的樣子，我告訴他，不論結果是輸是贏，為什麼不一開始就先享受想像贏的快樂呢？

他把這樣的想法分享給同學，後來雖然他們在延長賽中輸了比賽，可是同學們一點都沒氣餒，因為在他們的心裡，他們曾經贏了，而且還享受過第一名的滋味！

輸贏不是結果，重要的應該是過程，但這個世界的眼睛，只會注意到第一名和首創紀錄的人。不過等到這些第一名領完獎下了台，他的第一名也就結束了。我告訴我的孩子，要永遠享受第一名的滋味，保持旺盛的企圖心，全心全力的做準備。未達成或勝利之前的心理狀態，往往決定一個人是否是真正的贏家。有人只贏得有形的獎牌，卻輸了人生的光彩。我希望我的孩子和我自己，永遠都贏在積極思考上，做一個生命旅程裡的真正贏家！

一個真正的贏家是勇於挑戰困難，從不向失敗或輸球低頭，永遠相信生命的。

豐富是來自積極的態度，以及所累積的經驗，而不是一時的光彩，所以永遠懷著熱忱向生命說：「Yes！I want！」

眞正的贏家

有許多的父母把孩子當成球場上的明星球員，一切都要控制及掌握得宜，否則就會咆哮責罵孩子表現欠佳，不夠專心和努力。

我的孩子很喜歡讀歷史書。有一天，我們討論到誰才是歷史上眞正的贏家。我的孩子舉了幾個擁有豐功偉業的人，如漢武帝、唐明皇、明太祖、清朝的乾隆、康熙、外國的亞歷山大，他們看起來都是超級贏家；不過在歷史的洪流裡，他們又不盡然是，他們是只贏得一時的人。

後來我們也討論到聖人孔子、宗教家釋迦牟尼、耶穌等，他們就不是贏得一時，而是贏了好幾千年；不過他們能贏得的也是信徒的崇拜，對於非信徒，他們並沒什麼影響力。接著，我們討論到哲學家如老子、蘇格拉底及一些科學家，雖然他們的影響力表面上不及宗教家，但幾千年來所說的話和思想或貢獻，仍影響著現在的人，他們應該是眞正的贏家吧。

這是我孩子的結論。我一時答不上話，因爲我認爲不論影響一時或一世，甚至只是幾百或幾千年，都非易事。

我問我的孩子，你要成爲什麼樣的贏家？他毫無考慮的告訴我，只要贏得了自己就好了。我問他爲什麼，他說他覺得大部分人都希望去改變別人、造福世界，但他只想做個內在保持平靜和喜悅，平平凡凡、沒沒無聞的人。他希望自己生活無虞，能看自己喜歡的書、做自己喜歡的事。

孩子的想法讓我想起了自己在國中時許下的願望，那時我希望做個燈塔的看守人，或是小圖書館的館員，或是玉山頂上的氣象員，雖然收入微薄但卻穩定，可以心無旁鶩的做自己想做的事。

三十年過去了，我早忘了自己曾有的願望，而在這段期間裡，我也曾迷失在成功的叢林裡，想要名要利，要別人的尊敬和肯定，但卻不知道自己眞正想要的是什麼。一直到最近幾年，我才靜下心來，了解自己要的其實是簡單而容易的生活，而我早早就擁有了這一切。

我經歷了許多事才了解到，我什麼也要不到，也改變不了。我唯一能努力的就是時時和自己和諧相處，我唯一能改變的就是自己貪得和盲目的心，所以我早已經是富有的贏家，雖然沒有豪宅，雖然沒有顯赫的頭銜。

但三十年來，有那麼多的人分享了生命的經驗給我，給我那麼多信任和鼓勵，我是如此的幸運。

這次與孩子的對話，讓我有很深的省思。不過，我的孩子見我不再講話，他還以爲是我不滿意他的答案，他還接著補充說明，他認爲許多的名人，終其一生都不知自己要的是什麼，所以做了一些傷害自己，也傷害別人的事情。

有人說：「一個人眞正的敵人不是別人，而是自己！」我的孩子卻認爲，人應該是自己最好的朋友，而不是敵人。他認爲只要了解自己眞正要的是什麼，順著自己的意願，做自己眞正喜歡的事，這樣自己就會是自己最好的朋友；但是這其實並

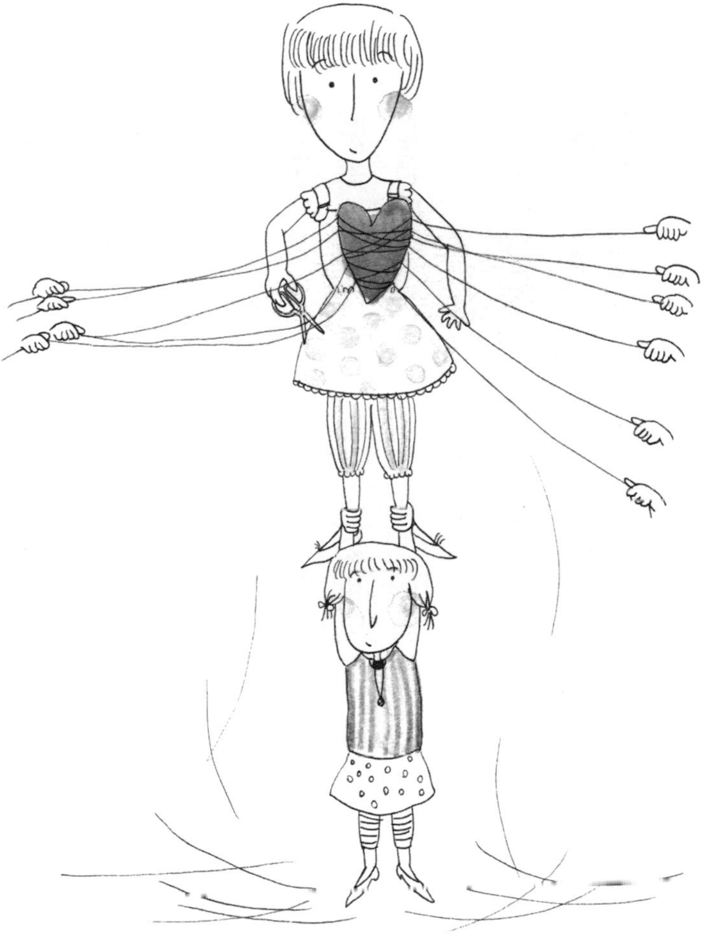

不容易。所以，他要把這件事當成最優先和最重要的事，能做好這件事，再做別人期待我們的事！

我的孩子和我討論這件事時，他只是國中二年級，但他從小就很有自己獨特的想法。我要他記住自己現在的看法，等二十年或三十年後，再回頭檢驗自己。

我也分享自己成長的經驗，我曾經立下大志，要做一個足以影響人類歷史的偉人，但後來發現歷史只是眞實的一部分，許多偉人的事蹟都是經過主觀的美化和擷取，而一個人的生命要攤在陽光下供人評論，好像也沒什麼必要，但我知道至少要做對國家、社會有貢獻的人。

我是個公務人員，領國家一份薪水，所做的事本來就是該做的事，談不上貢獻，不過至少可以做一個家人可以信賴、依靠的人，我的父親已去世了，媽媽年紀大了，還帶著許多病痛，我爲了工作和生活，能探望和照顧她的都很有限，我的兄弟姐妹也各自成家，每一個人都各有自己的處境和困難，能幫得上忙的實在很有限。

我家雖然只有三口人，但各有自己的工作和任務，我們早上匆匆出門，晚上回到家也各有自己的需求和事情要做，能坐下來閒聊的時間還眞不多，更何況要改變或影響自家人了。如果連自家人能幫得上忙的機會都很有限，更何況那些打來求助親子問題或家庭問題的陌生求助電話。

我仔細想想，自己一天的時間總塞滿了事情，能和自己好好相處或保持警覺，不讓自己受制於情緒，保持內在的平靜和愉悅都是很難得的機會。我覺得我孩子的想法是很深遠的，但他卻告訴我，他沒有那麼多經驗想那麼多，他每天只想把功課拚完，多點時間做自己想做的事，讀自己想讀的書而已啦！

☺ 爸媽加油站

這世界上贏家是誰呢？是這個首富或那個首富，還是政治人物或明星呢？我和孩子的一段談話，提供給大家參考。

這世界表面上充滿了競爭，職場上或球場上，不是贏，就是輸，我們只期待贏，而且一直贏。但仔細去觀察，所有的輸贏都是我們自己設想的，我們先決定自己要的結果，再製造緊張的氣氛，如果最後如自己期待，就覺得贏了，如果不是就覺得失落和受挫！

有許多的父母似乎把孩子當成是球場上的明星球員，一切都要控制及掌握得宜，一旦孩子表現不佳，就被當成失控的球員，遭受咆哮跟責罵，認為孩子不夠專心和努力。我們期待孩子贏得每一場的大小考試，就像期待我們矚目的球隊，每一場都不得失誤和失分。

但孩子不是球隊的球員，我們也不是觀眾或教練。我們和孩子都是獨立、唯一的個體，我們在寫我們生命的歷史，我們在豐富我們生命的內涵，我們是渺小的，但也是偉大的；渺小是因有千百億的生命和我們同樣在呼吸，一樣在寫沒有人會關心、在意的歷史，偉大的是我們的所作所為，都不能複製和重來。我們的生命只有一次經歷的機會。

真正的贏家，如我孩子所言，是做自己真正的主人。一個能做自己朋友的人，也許所佔有的很有限，但卻是真正的富有；相反的，佔有數不盡的一切，卻都非自己期待，就像被迫做個為工作及生活行屍走肉的人，並非真正的贏家！

年輕GO!GO!

這篇似乎沒有主題和重點，看了再看，還是有點霧煞煞，弄不清楚我們人生的方向和目標。難道我們讀書、努力是沒有用的嗎？我想傳達的想法，應該不是這樣。

生命是個旅程，它會隨著不同的境遇出現不同的想法，最後可能像我一樣走過三十年再回到原點，發現自己想要的一切，早就已經得到！這不是白走一遭，生命的恩典就在於提供了我們豐富的經歷，一再的經歷讓我們了解什麼是和我們無關的追求，什麼是多餘的佔有；但這不是每一個人都可以了解和領悟的喔！盡我們所有的努力，在生命的旅程中全力以赴，經驗所有的一切，因為任何的想法都不及我們親身經歷喔！

付出什麼，就得到什麼

我付出了時間給健康，我就得到健康；我付出時間和愛給家人，他們也讓我得到相同的回報！

冠志在網路上犯詐欺罪，結果被裁定保護管束。冠志非常的聰明和愛辯論。有一天，他在心得寫作上表白他未來要做大奸商和大政客，要賺很多錢，買所有他要的東西。我看到他寫的東西，知道他想要和我辯論一番。

我就故意對他說，我欣賞你！你很誠實！未來一定可以像華盛頓一樣有很好的成就！

冠志當然也不是省油的燈，追問我爲什麼不反對他做奸商和政客。我告訴他這世界上不就是奸商和政客的世界嗎？他做不了奸商和政客，因爲這些人從不承認他們是奸商和政客！冠志有點氣餒。不過我對冠志想賺很多錢倒是很有興趣，我想多了解一下，他要怎樣才能賺很多錢。

「一用騙的！二是用賭的！」

和冠志這個孩子談話很有意思，他很喜歡用他的歪理辯得別人無話可說，所以我反其道，反而避開他的陷阱。

「你是怎麼發現有錢人的祕密的？『騙』這個字未必不好，如果能在法律容許下，得到自己該得的利潤。雖然名爲做生意或談判，但實際上就是騙，商場上的運作常是高明的騙術，以小搏大是許多小企業成爲大企業非常重要的關鍵，你很有做生意人的頭腦！」

冠志一臉不爽！他用手抹抹臉，很直接的告訴我，和我說話很累，因爲他都接不上話，不知要再跟我說什麼。

「我要多向你阿姨學習（他的繼母），每天都被你的歪理氣到哭？還是要像你老爸，三天兩頭就要和你演一場父子復仇記？」

冠志是個聰明的孩子。我告訴他，他受做生意的爸爸影響，心中總有個算盤，腦子想的都是錢，這沒什麼不好。我問他有一次我們辦活動，到鶯歌的一處廟宇，他難得很虔誠的在拜拜，那時候我們之間的對話，他還記得嗎？

「記得！要求什麼之前，先告訴神明，你要付出什麼。」

想要有錢，先要問你要爲錢付出什麼。很顯然的，我們要付出時間，充實我們的學識和能力。如果我們要賺大錢，而不是小錢，一定要知道這個世界的潮流和發展，沒有相當的知識是做不到的；再者，要花許多的時間觀察和研究，有錢的人他們做對了什麼事，有了錢之後，不是每個人都買豪華私人飛機、遊艇或別墅，有許多超級有錢人仍過著簡樸的生活。

我們要花些時間去了解我們想要有錢的動機，因爲沒有動機，就不會有動力，因爲賺錢很耗精神和體力，如果沒有強烈和明確的動機，只會是個空想。另外，我們是要賺快錢，還是慢錢？是要賺穩定持久的錢，還是要賺賭博式的錢？贏就拿全部，輸了就什麼都沒有，贏可能只是過路錢，下一筆可能什麼都沒有了。你要什麼

樣的錢，你就要先了解自己要負擔的風險和要付出的代價。

「有沒有穩賺不賠的錢呢？」

看著冠志鬼靈精怪的眼神，我如果說沒有，他一定會反駁。我告訴他一定有這樣的錢，就是不管遇到任何風險，堅持要再更努力的付出，堅持一定要再爬起來的人，最後一定會賺到他想賺的錢！

「你看！」

冠志手裡拿著一個吊飾，是一隻像玉刻的動物！

「這是什麼？」

「貔貅！」

他告訴我這種動物沒有肛門，只進不出，所以被當成守財的吉祥物！這是他爸爸送給他的！他以後就要學貔貅，只進不出，做個守財奴！

我哈哈大笑！告訴他，如果這輩子他的觀念是這樣，他也只能賺到死錢，賺不到源源自來的活錢。

錢要像水一樣流通，一個自私的人只想到自己要賺錢，不管別人死活，那他只會賺到一時，而且是有限的錢。如果一個人在賺錢過程裡，想到的是如何讓別人覺得物超所値，如何也讓別人賺到錢，或賺到幸福、健康或快樂，這種錢就會賺得比較長久。

奸商是賺損人利己或害人利己的錢，這種錢不長久，也不健康。錢是大家都重視的東西，沒有人會花錢買不好的東西。如果不幸被騙一次，絕不會再被騙第二次。如果冠志要像貔貅一樣，那他也只能賺短時間的錢，而且遲早會因消化不良而短命。

「要賺錢！你就要永遠思考，要付出什麼給別人，要利益別人什麼？這樣你自然就可以賺到錢！」

冠志一臉不以爲然，思考要怎樣辯駁我。

「老師！你會這樣想，你爲什麼沒有成爲富翁呢？」

我的確不是個有錢人，但我曾經是個很會賺錢的人，一年演講四百場以上，一年光演講所得就超過兩百萬。加上賣書和演講CD的版稅，曾經一年有超過五百萬的收入，但我所有的時間全耗在和賺錢有關的工作上。我沒有時間學習、進修、運動和家人相處，我常國內外奔波，晚上一、兩點才趕回到家，隔天又要出發。我發現我只是個賺錢的工具，我沒有健康，也沒有我要的生活品質。

我後來放棄了這樣的生活，開始過著領一份固定的薪水，偶爾會有一些演講和版稅，大部分時間我用來讀自己喜歡的書，做自己喜歡的事情的生活。以前用來賺錢的時間，現在幾乎都用來運動和陪家人。我沒有再多爲錢付出，所以，我也沒有多賺錢，但這是我要也是我喜歡的。

「你付出什麼，你就得到什麼。我付出了時間給健康，我就得到健康；我付出時間和愛給家人，他們也讓我得到相同的回報，當然我繼續爲錢付出，我也可以得到財富！」

我告訴冠志，別只是想要得到，而要先了解自己可以付出什麼。他喜歡錢，只要他持續的爲錢努力，他一定可以得到，但有一個重點，就是做個擁有快樂的心的人，唯有內在能夠平衡安心的人，才能享有快樂！

☺ 爸媽加油站

我鼓勵孩子唯利是圖，每一分付出都要計較收穫，並做一個「自私」的人。為什麼？一個人如果不為自己的需求和期待付出，那他所做的任何付出，都是虛假和短暫的。

我鼓勵孩子大賺能長久的財富。一個利己又能利人，能讓自己賺錢，又兼顧別人利益的人，才能長長久久。我不期望我的孩子高談闊論理想，每天高喊為眾人利益，做的卻是見不得人的勾當。我們的社會放眼看去，盡是這些口是心非的政客和奸商，雖然他們都不承認自己就是。

我沒有辦法教導我的孩子任何事，我只能努力做一個可以當他們榜樣的爸爸和老師，現在我坦承我還不是，但我願意繼續堅持和努力。我付出我的努力，因為我想得到正直的孩子和學生！

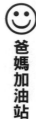

年輕GO!GO!

在這個時代講品德和正直，我自己都覺得很可笑，但幾十年的經驗，我發現唯有能坦誠面對自己的人，才能活出真正的快樂，和開創自己生命的價值。我付出真誠給我的生命，我相信我的未來也會得到真實的一切。

在你祈求得到什麼之際，請告訴你自己，你要付出什麼。你付出什麼，你就會得到什麼！

之前于珊的爸媽對于珊毫無妥協的要求，都得不到好的結果，是否試一試別的方法？

有彈性的愛

于珊是我輔導的個案，她的媽媽是個基督徒。剛開始，我們的談話互動得很好，後來于珊的媽媽表明她是個基督徒，爲我做許多事，都是希望我成爲基督徒，她也每天都爲我禱告。

我很感謝于珊的媽媽那麼豐盛的祝福，我告訴她，我沒有辦法成爲任何教徒，因爲我從事輔導工作，我忠於我的個案。如果我是特定的教徒，難免會用主觀的信仰來影響孩子。

我有許多朋友都是基督徒，我也曾帶孩子到教堂，但在我離開我的工作之前，我不會信仰任何宗教。我的個案來自於各種不同的宗教背景，信仰道教的，我會和他們一起向他們信仰的神禱告；信仰佛教的，我會用佛經的旨意和他們分享。我的個案也有許多基督徒，就像于珊的家庭，在談話之前，如果他們願意，我很樂意和他們一起向上帝禱告，祈求神賜給我們力量，帶領我們的心靈走向平安及喜樂。

我很感謝于珊媽媽對我的善意和努力，我相信她所有的努力，上帝一定都看見了。我看重每一個宗教，無論如何，這些宗教都是人類心靈的依靠。我的祖母在我小時候生病無助之際，從三峽走到白雞去求恩主公，每每想到這件事，我就感動得淚水盈眶。我曾在澳洲和竹東遇到天主教修女，她們奉獻一切給貧病的陌生人，她們的精神終生啓示我努力做個有光有熱的人。

基督教的許多團體和牧師，對受刑人和特定的弱勢團體做終生的協助和看顧，我也覺得他們的奉獻精神，讓人由衷的對他們信仰深深的敬仰著。

我跟于珊的媽媽分享我的想法。信仰是個人的私事，但在我的工作倫理中，要避免宗教的介入，不過我一直認爲宗教信仰的力量絕對大於法律及道德的力量，如果每個人都能有信仰，我們可以確信許多社會問題都能解決。

「要信仰眞正的神，對世界才有幫助！」

于珊的媽媽迫不及待的要表白她的想法。

信仰是絕對和主觀的，我無法有任何的爭辯。我感謝她的善心，她認識一位能幫助她的神，並不吝與我分享，她的善良和熱誠令我感動，我尊敬她，所以我也尊敬她信仰的神，我認同她所說的話及想法，但我的工作必須對宗教持中立的態度。我倒是很希望于珊能多隨爸媽去教堂參加教會活動，如果她能信仰基督教，我相信許多問題都不會是個問題。

于珊的媽媽有些失落，不過她堅定的告訴我，有一天，我一定會找到該走的路，信仰基督，成爲一名教徒。我謝謝她的祝福。我對我退休後的未來，未做任何的設定，如果上帝的意旨，讓我有機會信仰、服侍上帝，我相信這是我的福分。

但于珊卻對我和她媽媽的對話很不以爲然。于珊的媽媽從小帶她進教堂，不過，等她上了國中，她就不再遷就父母，因爲假日她要和同學出去玩，如果上教堂，會讓她有許多活動都不能參加。我認同于珊的看法，但我建議她先將自己和爸媽的關係處理好，不要因要不要上教堂，弄得她逃家拒學。

上教堂是爸媽的信仰，她有權選擇自己適合的，但沒有任何道理因此背棄父母。一個月有四個星期日，總有一、兩次我們正好有空，陪爸媽去教堂，時間也不過一小時左右，我想一個月投資一、兩個小時，以此換取爸媽的信任和家庭互動關係的和諧是很有價值的。

于珊認爲她爸媽的想法不是這樣，他們要的是一次都不能缺席，他們認爲上教堂是最重要，而且沒有任何理由可以拒絕。事後我和于珊的爸媽協談，如果上帝對我們的愛都可以等待，爲什麼我們就不可以給孩子多一些時間準備？我們的寬容，會讓孩子覺得備受尊重，她也比較容易用尊重的方式對待我們。之前于珊的爸媽毫無妥協的要求，都得不到好的結果，是否試一試別的方法？如果上教堂對他們的家庭是如此重要，一個月有四次星期日，至少于珊去了一、兩次，總比現在只要週末她就逃家來得強呀！而一旦有了良好的互動基礎再來要求其他，也比較容易。

最後于珊的爸媽同意一個月去教堂一次，時間由于珊自己決定。于珊把上教堂當成痛苦的事，是因爲她被迫參加，如果是她自己願意的，一切都會變得比較容易。

一個月過去了，我要于珊分享一些心得。她告訴我，她已結束和父母的對抗，她覺得她的爸媽不是頑固不通的，只要多給爸媽一點時間和選擇，爸媽還是會考量她的立場。

其實于珊的爸媽爲難的是，因爲別的叔叔、阿姨都會帶孩子上教堂，但他們的孩子卻沒來，讓他們覺得很沒面子，好像他們沒把孩子教好。只是于珊和同學約好假日要碰面，如果她都不能參加，同學不但會瞧不起她，還會故意疏離她。現在于珊和爸媽達成一個月上一次教堂的共識，也許于珊可以上完教堂，再和同學會合，或邀同學偶爾來教堂參加活動，如此就能兼顧彼此的需求，親子也都能得到自己要的。這樣不是很好嗎？

「和我爸媽溝通是很累人的，他們同意你一件事，都要附加許多條件！」

不過，于珊也學會了爸媽的溝通方式，她每多上一次教堂，就換取到免做家事或多點零用錢的權利。雖然我不是很認同，至少在過渡時期，這是他們溝通的模式。

我特別提醒于珊，如果溝通遇到問題，記著先把事情放著，等一、兩天或更長的時間，只要她不放棄，事情總會有轉變的機會，先別急著馬上要承諾或答案，多給自己和對方多一點時間。

「還有選擇！」

于珊搶著我的話，看到她會這麼說，我也比較安心。這一個月她只有幾次晚歸，也已經沒有再逃家了！

爸媽加油站

等待不是消極的，在事情遇到無法妥協或不能解決時，先把它放在一旁，靜靜的等著，就像我們守候、等待拍一張照片，如果我們期待的鳥未進入我們的畫面，我們就等候著。時間會解決許多問題。

我的孩子和我遇到了問題，我的口頭禪就是去睡覺，或去打球、運動。幾個小時之後，原先雙方僵持不下的問題，有許多時候睡一覺就通通忘光了。如再不能解決，那過一晚後再討論。

我們不是拖拖拉拉的人，但我們覺得許多在當下認為重要的，換個時空，可能就沒那麼重要。即使是宗教信仰的問題，多些時間給自己和對方，不同宗教信仰的人可以是很好的夫妻或親子，更何況是同事或朋友？就像現在台灣政治立場是敏感的話題，每個人都有主觀的認同，為什麼要勉強別人的看法和感受一定要和我們一樣呢？我們不是麻木不仁、沒有正義感，而是認為生活中還有更多更重要的事。為什麼要為這些遙遠的事，打擾我們的心情和生活呢？

沒有好的心情，我們還會有什麼好事會發生呢？

學會等待，一切都會更圓滿！

年輕GO!GO!

我們從小就被教育今日事，今日畢，也講求效率，速戰速決，但我不這麼認為。有些事要有果決的行動，但如果涉及到別人的價值觀，或者侵犯到別人的決定，或事情一時無法取得共識和認同，就多給彼此一些時間和選擇。

許多事情是否重要和時空有絕大的關係。學會耐著性子等待一個更好的結果，我們的人生將會有許多更深的體悟。有再多的不平，都等些時日再來評論它吧。人際互動是如此，對於我們的許多決定也是如此啊！

古人說：「事緩則圓。」不是沒有道理的喔！

老師，您可以叫我烏龍茶

「凱熙（開喜）！有沒有人叫你綽號烏龍茶？」

我原本是好意，想化解彼此的距離，讓訪談的氣氛不會那麼緊張，沒想到卻造成更大的緊張！

凱熙因傷害罪被移送法院。我初次與他見面，就有點懷疑他是被告少年。一百四十幾公分，一臉小娃娃的樣子，斯文害羞。我很疑惑他會和一百七十幾公分以上的人打架，雖然他也被打，但對方受的傷可比他嚴重多了！

「凱熙（開喜）！有沒有人叫你綽號烏龍茶？」

我原本是好意，想化解彼此的距離，讓訪談的氣氛不會那麼緊張，沒想到卻造成更大的緊張！

「我最討厭別人叫我烏龍茶！」

「不可以沒有禮貌，向調查官說對不起！」

因爲凱熙的語氣態度都不好，坐在一旁的凱熙爸爸很緊張的糾正他。

我立刻表達歉意，有錯的是我，不應該拿他的名字開玩笑；但凱熙激烈的情緒反應，我開始對他的人際關係有很大的興趣。

這不是凱熙第一次和同學發生衝突，之前已經有許多事，不過都是私下和解。凱熙在學校一直有很不錯的表現，功課在班上前十名，也常擔任幹部，各項活動，除了個子小一點，好像也沒什麼特別的。

凱熙的媽媽在講述時特別強調，她經常教凱熙凡事要多忍耐。凱熙的爸爸在一旁有不一樣的意見，他認爲有道理就要爭，不吵不鬧在社會上只會被欺負而已。凱熙的爸爸不認爲孩子每次打架都是錯的。

凱熙的媽媽可能平時眞的很忍耐，今天有機會到法院，有人可以依靠，她就多說兩句，因爲我支持她多說一點，她就滔滔不絕的述說她的想法。

每個人的看法不同，我只想多了解，也沒表示意見，不過可能凱熙的媽媽講話中有多處暗示凱熙的爸爸處置不當，話沒講完，凱熙的爸爸已忍不住斥責她，要她閉嘴，不要多話。聲音之激烈，讓我覺得不知該如何打圓場。

「你在家裡不知道社會的情形，就別亂說！」

凱熙的爸爸取得發言的優勢，足足講了十分鐘。剛開始，他聲音很高，而且講話很用力，講多了，他聲音就低了下來，人也放鬆下來。

事後經由凱熙的媽媽告知，我了解到凱熙的爸爸是只要聽他講都不會有事，不過如果言詞上違逆或頂撞他，凱熙的爸爸可以發三天脾氣，氣都消不了。一生氣就亂罵、亂批評，摔東西、打人是常有的事。

不過我漸漸了解凱熙的爸爸並不是不好的人，只是因爲缺乏自信，內在容易因別人不重視而焦慮不安。我盡量多讓凱熙的爸爸發言，優先詢問他的意見，還感謝、誇讚他對某些事的獨特看法，讓我受教良多。所以，凱熙的爸爸一直保持著理性和謙和，他陪凱熙來接受調查，據說回家後，心情也一直都還不錯。

「凱熙！你了解你爲什麼生氣，爲什麼會不顧一切的攻擊別人嗎？」

凱熙受爸爸影響很深，他的內在也充滿著焦慮，他很怕被瞧不起和漠視，所以他講話的聲音很高亢和急促。凱熙的內心裡有很深的不安，他害怕不被重視，這可以從他和爸爸的互動中了解。凱熙的想法經常被否定，甚至即使照著爸爸的想法去做，一不小心惹事了，不但沒有被爸爸支持，還受更大的責罰，凱熙常處於不知該怎麼做才對的情境裡。

凱熙從爸爸那裡看到，大聲說話、兇惡的人，在氣勢上就容易壓過別人，而爸爸只要發飆，媽媽的指責聲音就會變小或消失，所以，凱熙從小就是個情緒敏感，容易被激怒的人，而且情緒還經常反應過當。

但凱熙也不習慣不理性的指責和自悲自憐的自責，弄得周遭的人會隨著他的情緒鼓動，而忽略或扭曲了事情的眞實狀況，再加上凱熙的思慮反應快，他常會用狡辯來合理化自己的生氣和暴力行爲。

凱熙對我的問話，讓我感覺到他並未思考過，不過他習慣性的反駁，告訴我這個問題沒有意義，不值得回答。

「凱熙！你覺得老師不該關心像你這樣的一個好孩子？不希望老師了解你、幫你嗎？你是個很好的孩子，值得我花時間和心力幫你！」

我不斷的強調他是一個正直、獨特的孩子，只是不太知道如何處理自己的不舒服而已。

每個人都會有一套屬於自己的調適模式，但我們若受父母或習慣影響，我們自我的調適或保護模式，可能會造成別人不舒服或痛苦，我們自己也可能會受到別人的反擊，因而製造出更多的困擾，我們慢慢的會被別人遠離和孤立，我們就會愈來愈不受認同和了解，最後我們會自我否定和退縮，不僅會認為自己不夠好，甚至會認為活在這個世界沒什麼意義。

「一切都因我們表達情緒的習慣！這些習慣會成為我們的個性，而一個人的個性會影響他一輩子的幸福和快樂！」

我們自以為只要我們努力認真，就可以得到我們要的一切，但我們常常忽略我們的人際互動關係。如果我們常讓別人覺得不舒服，如果我們沒有被別人信任和喜歡的特質，我們就會在生活上遇到許多不愉快，而我們還會認為是別人在找我們的麻煩；但事實上，是我們的特質給我們自己招來了麻煩。

「遇到問題，就試著把它當成學習的機會，然後改變自己的應對模式，總有一天，我們會開始賞識和喜歡自己，世界也會因此變得簡單和容易！」

凱熙把我的話聽進去了。臨走前他告訴我：「老師！您可以叫我烏龍茶沒關係！」

這次的談話，爲我們日後的輔導關係建立了良好的基礎。凱熙很特別，他不叫我老師，他喜歡叫我教官。我告訴他，叫我什麼都可以。我在乎的是他喜不喜歡我這個人，如果他喜歡，我對他才會有影響力。在接下來的輔導過程裡，我們兩個人一起努力，讓我們都能試著改變，成爲一個容易被別人信賴和喜歡的人！

但是，凱熙後來又再犯下另一個暴力案件，他很懊惱。我和他見面時，他仍習慣地解釋他爲什麼會被激怒，對方又有什麼樣的錯，這些我都能夠認同和接受，但我分析整個事件只是一個偶發的小事件，對方即使有錯，也不是故意的。但凱熙的反應，似乎太過激動和突然。

原來凱熙因前一晚未睡好，精神很差，他早上就和爸媽有些不愉快，後來又被老師找麻煩。他心裡很不舒服，結果同學又白目的拿他開玩笑，於是，一件小事就成了大打出手、傷人又傷己的事件，誰有錯呢？如果當時凱熙的精神和心情很好，這件事就不會發生。如果要追究責任，就要怪吵得凱熙一夜未睡好的蚊子。

凱熙因我的逗趣推理，放鬆了情緒。我再次告訴凱熙，生氣和衝突反而是很重要的學習機會，因爲可以利用這樣的機會了解自己在什麼情境容易失控。我們在自己疲累或多事時，就要特別提醒自己要謹言愼行，不要輕易掉進自己的陷阱裡。感恩這個事件的發生，它是我們生命的老師。

☺ 爸媽加油站

陪孩子成長的過程會有許多事件發生，事件本身是正向或負向由我們自己決定。我喜歡把任何事情的發生都當成學習機會。父母的態度決定孩子的態度，我們雖然是在給孩子做示範，但我們並不是完美的，我們可以犯錯，也可以生氣，只是我們學到了什麼？從事件中，我們得到了什麼樣的啟示？我們有什麼樣的改變，對我們及孩子的生命又有什麼正向的啟示？

年輕GO！GO！

把握我們生命旅程中的任何學習機會，如果我們能積極的思考，這世界上沒有一件事會是沒有意義的壞事。每一件事都將協助我們發掘我們內在的需求和真實的自己，我們也會在每一件事中，了解我們是善變如天上的雲朵，這一刻雖是如此，但我們很難預料下一刻我們會如何。保持內在學習和自我提升的機會，感恩每一個不如我們期待事件的發生，我們終究會發現，生命是一段奇妙的學習之旅，也是一段充滿祝福的旅程！

選擇快樂

他一臉失望的告訴我，他覺得人生沒什麼意義，經常想自殺。

鴻林是我許多年前輔導過的學生。每一年教師節或父親節，他一定會寄上卡片，我也很珍惜他對我的看重。

最近我去看鴻林，他卻一臉失望的告訴我，人生沒什麼意義，經常想自殺。了解之後，我才知道他的家庭一再發生變故，周遭的親友不是出意外，就是出事被關。他覺得孤單，內心也一直有不祥預感，不知什麼不好的事，即將落在他身上。他睡不好，人很煩躁。連一件小事，也會和家人或同事吵架，他問我該怎麼辦。

「去運動！流一身汗！回家大口的喝一大杯水，洗個痛快的澡，睡一個好覺，一切都會變得美好！」

我的答案似乎冒犯了鴻林。鴻林冷冷的告訴我這幾年來，我一直是他心中最尊敬的人，我不該輕忽他的問題。

我說明我的原因。身心靈的健康是一體的，當我們的內心有事，我們的心就會備受困擾，我們就會很想做些什麼事來解決問題。鴻林告訴我一堆的問題，但沒有一件是他的事，也沒有一件是他可以改變或解決的。人愈陷入思考，就會讓心情愈沈重，就會睡不好，也吃不下，做什麼事都沒有勁。鴻林已經有幾個月都不正常生活，人因缺乏運動，體能沒有消耗，也無法得到完全的休息。我的建議是一定有益的，但一定要堅持運動到全身出汗、有些疲倦才休息，連續一、兩週，我們的內在會因體能的增加，和夜裡完整的休息而恢復正常。

身心靈的健康，來自我們的自覺和選擇。我遇到過許多精神疾病的患者，他們有許多是自己選擇了生病，其實他們可以而且有能力改變。

「運動就可以改變？」

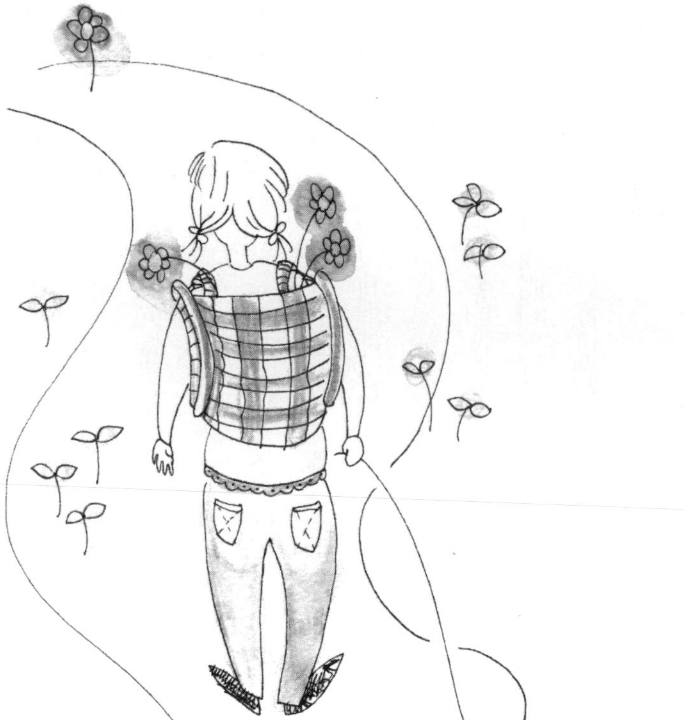

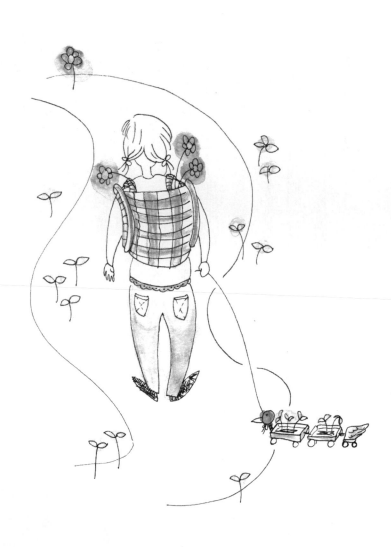

我解釋運動不只是身體的運動，透過肌肉的收縮和心肺機能的運作，不僅活化了細胞功能，而且促進了腦功能的運作。光知道是沒有用的，每天都力行要運動的決心。時間一到就到運動場，沒有達到自己的運動目標，絕不休息！一、兩週後，我們負面思考的頭腦，就會因身心的健康，而轉爲正向！

鴻林半信半疑的開始執行，他每天最少運動半小時以上。一個月後，我再見到他，他額頭多了光彩，聲音也宏亮有力。他找到另一個計算業績的工作，剛開始有些壓力，不過只做了一週，他就愛上這份和自己競賽的工作。鴻林充滿了信心，他每天工作時間都超過十二小時，但他聽從我的建議，再忙都要運動。鴻林用跑步或快步走上下班，只要七樓以下他都走樓梯。鴻林覺得自己有種狂熱，他愛上運動！

「快樂和幸福是我們可以決定的！但我們放棄了這項能力，我們讓自己失去健康及一切！」

生命一直都是以最簡單的規則在運作。我們投資自己什麼，我們就得到什麼結果。如果我們面向著陰暗，陽光永遠都只會在我們背後；如果我們選擇幸福和快樂，我們就會得到幸福和快樂。我們可以做自己的主人，我們也可以讓痛苦和不幸做我們的主人，一切的關鍵就在於你是不是接受自己的所有，你是不是能夠在各種境遇中自我學習和成長！

這些話，如果早幾個月前告訴鴻林，他一定無法理解，現在他很明確告訴我這是眞的。他的回答令我很高興，因爲他已經嘗到做自己主人的滋味。

「但我還是會常常覺得鬱悶、不快樂！」

鴻林的期待和大部分人的期待是一樣的。我們都期待事情順心如願，不僅要快樂，而且要時時、分分、秒秒的快樂；但人的情緒是飄浮不定的，如果沒有困難，我們就沒有機會享受克服困難的快樂；如果沒有災難和不幸的失去，我們是難以了解我們曾經擁有的美好。享受每一個此刻，我們將擁有生命的全部！

「當我們鬱悶時，就享受鬱悶的滋味，它和快樂一樣，都不會長久的！」

鴻林不明白生活中爲什麼會有那麼多不如期待的事。我告訴他，那是因爲有期待。如果我們是帶著接受的心面對我們的生活，那麼任何事的發生都是偶然的，它是難以被預料和準備的。我們的期待讓我們的眼睛被蒙蔽了，或被某種特定的鏡片過濾了，我們因而看不見全貌。

「過簡單容易的生活！」

每天都有一定的運動和睡眠時間，餓了就吃！渴了就喝！維持身心靈的平衡，這看起來似乎很容易，但沒有幾個人能眞正做到。我們要了解的是，一切我們都可以決定和選擇，所以爲什麼要爲了一些不相干的小事而鬱煩呢？

「選擇你的快樂！」

我分析許多人自怨自艾自己是如何的痛苦和不幸，但事實上，是他們不願做個爲自己負責的人，總是把自己不快樂和痛苦的原因推給別人，都是別人不好！都是別人害他的，其實是他放棄了自己的選擇！

「做個爲自己情緒負責的人！」

鴻林的答案令我驚訝。但這絕不是要我們做一個一直很高興、很興奮的人，那也是精神疾病的一種。我們要了解的是，我們的情緒是波動的，起伏不定的，而且很容易受到外界打擾和影響，這在一定的範圍內都是正常的；但過度的激烈和過長的時間無法恢復平靜，那就是問題。

容許自己的心情起起落落，也用同樣的想法看待別人，任何事都會變得簡單和容易。否則我們就會強迫自己或壓抑自己，這也會造成另一種問題！

鴻林給我們之間的談話做了簡單的結論：一切要順其自然，平時要注意自己身心的狀況和保養。

「一個生理狀況不佳的人，是不會有好心情的！」

鴻林接著我的話說：「要多運動！沒事多睡覺！」

我們兩個都哈哈大笑！

就這麼簡單！心情就比較容易變好！

☺爸媽加油站

我們常會把許多心力，用在關心孩子該做的事做好了沒，但我們很少注意到我們的孩子，他這個時候的心情好嗎？一個有好心情的人，會把許多事都往好的方面思考；但一個心情不好的人，不可能有好想法，也不可能做出好的事情來！

更重要的一件事是，如果爸媽沒有好心情，也不會有心力關心孩子的心情，所以，我常和許多父母分享，做一個笑得出來的父母！父母能經常保持著愉悅的心情，孩子就會放鬆緊繃的神經，比較容易把該做的事做好。

我們內在裡有許多擔心，事實上，我們最該注意的是自己的心情。一個家裡，如果父母總是沒有好心情，孩子也不容易快樂起來。一個不快樂的人，還有什麼是有價值的成就呢？

學習為我們的心情負責，別讓孩子為我們的不快樂負責，因為我們的一切都是自己的選擇喔！

年輕GO！GO！

你選擇什麼樣的心情？你選擇做什麼樣的人呢？別把責任推給爸媽和周遭不相關的人。你是你自己一切的主人，除非你是一個不想為自己負責的人。學習為自己的一切負責，選擇屬於你自己的快樂，所以你的不快樂是你自己的選擇喔！

Part4 減式思考力

想知道自己要成為什麼樣的人，或要做什麼樣的事，可能不是一件容易的事，但我們卻比較容易發現，什麼是我們不期待和不希望的。

遇到問題，我習慣用減式思考。當我累了，什麼事是我不希望發生的，我的情緒可能會容易失控的，因為我不希望因此造成人際互動上的衝突，而在這時候，我的思考容易是負向的，所以，這個時候要少做決定。

如果遇到意外或是自己不期待的事發生了，我們能夠立即澄清自己繁雜的思慮，找出事件中我們所期待的結果，或在多項選擇及壓力中，我們能很快的了解，哪些事情是優先的，哪些事可以慢慢來，甚至可有可無，那麼我們就可以輕鬆的面對問題，解決問題。

減式的思考不同於加法。當我們遇到一件事，最搞不定的就是我們內在的紛擾。這些紛擾來自我們的自我防衛機能，我們可能會自動擴大壓力和危機的情境，但事情可能沒有那麼嚴重。不過由於我們的想像，擴大了自己負面的情緒壓力，再者，在多元和複雜的資訊世界裡，我們常會被不真實的刺激所誘導，例如買不該買的東西，或參與自己毫無需求的活動，這些都在在耗費我們的資源和時間。

學習用減式思考，會讓我們的壓力和負擔減輕，更容易讓我們成為自己喜歡的人，在人生的旅途上能更輕鬆和自在的享受人生。

眞正的自由

投資時間和愛給我們的家庭，看起來像是我們在付出和奉獻，其實我們會發現，一個家有了愛和溫暖，就已經不太需要去旅行和自由了！

在我的辦公桌上，放著朋友送的水晶鎭尺，鎭尺上是聖嚴法師寫的「自由自在」。有一天，我的朋友傑謗來我辦公室，他看到這幾個字，就半開玩笑的問我：「有人這麼說，人生下來時是動物，爲了吃和性忙碌，結婚後又再失去一些自由，成了著根於家庭的植物，如果有了孩子，一個人就成了礦物，連最後活動的自由都沒有了，必須完全配合孩子及家庭的需求，所以，這自由自在是多麼不可能啊！」

是不容易啊！所以我才會放在桌前時時提醒自己。我們大部分人的內在裡眞正嚮往的生活理想，就是自由自在，想做什麼，就可以做什麼。但我們自由自在的想法常被金錢、時間和健康給封殺了。有人這樣形容我們的人生境遇，年輕時的我們有體力、有時間去旅行，但沒有足夠的錢；中年時我們有了錢，也有健康，但我們沒有時間；到了晚年，我們時間和錢都有了，但已沒有體力和健康。

這樣說起來，還眞有些可悲！我們什麼時候可以享受自由自在呢？沒有錢，一定不能有自由嗎？如果沒有時間，那我們究竟在忙些什麼呢？不過這二者都可以有方法彌補，唯有健康，一旦我們失去了，就很難再擁有。

「錢還是最重要的。沒有錢，能有什麼自由呢？連基本自尊都很難維護！」傑諦嘲諷的回應我的看法。我覺得在這些話背後，一定有許多故事。我倒了茶，請他講給我聽。

原本傑諦也有很穩定的工作，但他覺得一輩子都爲工作賣命，爲別人賺錢，他很不甘心，所以辭掉了工作，自己創業。但創了業，他才明白老闆不好當。每個月都在追錢付員工薪水和各種款項，做了好幾年，他只賺到一些唬人的頭銜，就是自己給自己的總裁或是總經理，另外，就是原來開的普通車子，換成大家一看就認識的名車，不過，事實上，它也只是部二手車，價值和原來的車子沒有太大差異。

傑諦當了十年的老闆，他每天看著員工下班那副快樂和輕鬆自在的樣子，他很羨慕，因爲即使他下班了，也無法眞正的休息，更何況去做自己想做的事。所以十年來，他沒有眞正下班過，連休假到國外都有接不完的電話。

十分節儉的傑諦，後來覺得自己如此辛苦，沒有什麼理由不慰勞自己，所以大部分賺來的錢，他都拿去買車子、手錶或名牌。傑諦坐飛機以爲坐商務艙或頭等艙會有一種尊榮和快樂，但事實上，並沒什麼太大差異，位子大一點也沒有比較舒服，坐久了，一樣腰痠背痛。

傑諦十年來少有時間做自己想做的事，因爲經營公司的壓力很大，除了工作，什麼事也沒有心情做。所以，他看到自由自在這幾個字，才會覺得有點諷刺。

他這麼辛苦，不就是想比當上班族時多一些自由？例如上班可以不用打卡，早上也可以先打一場球或游個泳再去上班，當然，這些他都可以做到；但在心情上，他卻從未自由過，所以他球打得比以前少，甚至已經很久沒再去游泳了。傑諦不僅沒有得到自由，反而還失去更多！

就像我輔導的孩子，有許多人都期待長大，能夠早點畢業，離開父母、老師的管教，哪知道一開始工作，自己賺的一點錢，等付完房租、油費和吃飯錢，已所剩無幾。他們自己也搞不懂，原來離開學校和父母，並沒有更自由，反而有更多的限制和壓力，他們不了解爲什麼長大之後，即使自己會賺錢，也沒有太多自由！

老闆和員工、孩子和大人、有錢和沒錢，這些和自由是有些關係，但並不是有絕對的關係。我輔導的小孩最常對我說的話，和傑諦一樣，都說有錢最重要，有錢就會有自由。但我們要用時間或精力、智慧的哪一樣來換錢呢？有錢之後，我們可以享受什麼樣的自由呢？

在一天裡，我分配在工作與生活上大約是八小時到十小時，剩下的時間，我留給自己，至於金錢，我是用謹慎的態度去面對與使用。我不想要因爲一些頭銜，而把時間賣出去。我過極簡單的生活，從食衣住行育樂各方面，都讓自己用最少的支出，去滿足所有的需求。

傑諦有的，我全都有了，差別只是我的牌子和他不一樣，我使用的年限比他更

長了許多。我們幾年沒見，我平常穿的涼鞋沒換，衣褲也穿許多年了，不過我們每年全家依然出國旅遊兩次。

我告訴傑諦我保持富有最大的原因，在於我住的公寓已經超過三十年了，我沒有換更大、更好的房子，因爲老舊的屋子，有著我們全家人共同生活的記憶。從孩子十幾年前，還是個小小孩，到如今睡在同樣位置的他，已經健壯和高大如成年人了。有時我和太太兩人躺在床上聊天，都還會以爲這一切只是一場夢，孩子應該還是個小小的嬰兒，仍躺在我們的身邊，揮舞著雙手牙牙學語，不過事實是他已長大，我想十年之後，我們還是會有同樣的幻覺。在這十年裡，我們一家人緊密在一起，所有的記憶也都相通連貫著我們的思想和情感。

「結婚和有孩子的確是失去了許多自由自在；但我卻發現把時間和精神用對了地方，內心不再追求其他的，其實最簡單的擁有，也會是最富有的！」

傑諦今天會來找我，是想要請教我關於日漸淡薄的婚姻和親子衝突等問題。傑諦覺得自己很不值得，他辛苦工作，給太太和孩子最好的享受。孩子滿十八歲，他就買汽車給他們，結果他回到家，卻感覺不到一點溫暖，不是沒有人在家，就是有人在家，也沒人要理他。他多關心一點，家人就覺得他很煩，他講重一點的話，彼此就撕破臉，還惡言出口。傑諦覺得很傷心和寒心，他不知他的辛苦有什麼目的。

「你付出什麼給太太和孩子，他們就回報你什麼。」

傑諦用錢和物質收買太太和孩子一時的歡心，而不是用時間和用心去了解和關心他們，當然他最後得到的，就是更大的胃口和更貪求的欲望。一旦讓太太和孩子不斷的在物質上滿足，他們就會認爲一切都是理所當然。當能夠對傑諦予取予求的時候，傑諦像個神一樣被尊崇；當傑諦給不了或給不起時，他得到的是太太和孩子的失落和憤怒，這是可以想像得到的。

並不是傑諦的太太和孩子冷酷無情，而是傑諦造就他們如此的。一家人就像同在一條小船上，要共度所有的難關，而不是依賴某幾個人賣命的划槳和控制方向，其他人只會坐享其成。如果我們的父母是這樣，那麼我們就等於剝奪了和家人成長及學習的機會。

「該怎麼彌補呢？」

「你要什麼，你就該付出什麼。」

投資時間和愛給我們的家庭，看起來像是我們在付出和奉獻，其實我們會發現，一個家有了愛和溫暖，就已經不太需要去旅行和自由了！誰會想要離開給自己快樂和喜悅的家和家人，去外面孤零零的流浪呢？因爲沒有一個溫暖而有愛的家，我們才會覺得所有的付出都不值得。如果我們所做的一切，都是我們要的，我們就不需要額外的自由自在了！

爸媽加油站

你是動物、植物，還是礦物呢？

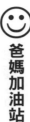

我們一家人都不太喜歡逛街或離開家，家裡三個人只要有一個人還沒回來，其他兩個人就會覺得少了什麼。如果是一個人在家，那就真的很沒有趣味。

我也曾追求過許多名利、頭銜、職位，但一再的經歷之後，我愈來愈了解什麼是自己不要或不適合的。升官發財是許多人本能的夢想，升了官，有可能要離家更遠去工作，或是要佔去自己更多可以自由運用的時間，下了班，還有可能手機不能關機，要開一堆無聊又無趣的會議，還要勉強自己去迎合自己厭惡的人，如果我們的升職是如此，我們為什麼還要呢？就為了多一點加給和薪水嗎？若是這樣，我寧可維持平凡和自在，過我簡單的生活！

年輕GO!GO!

為了多一點收入，為了讓我們的生活多一些選擇，所以要花更多的時間或做更多自己不喜歡或不願意的事，那麼，我選擇過簡單而容易的生活。其實每天吃的和用的是很有限，也是很容易的，所以我們有什麼理由，要買不是我們真正需要的東西呢？吃幾千元和幾十元的餐，對我們家人是沒有差別的。只要一家人在一起，我們就覺得滿足。我們並不需要更多或更好！

我們可以更自由自在，如果我們知道我們不要什麼，而且可以做到的話。

停不下來

佔有愈多的人愈貧窮，因為他的生命都浪費在他佔有的東西上。

有一天，我和家人去爬山，遇到一個行動不便的先生，他坐著電動輪椅到山腳下，然後拄著枴杖，用很慢很慢的動作向山上走。他可能是中風或意外導致膝蓋無法彎曲，他的動作很勉強。我們停下來問他是否需要幫忙，他告訴我們，他每天都來走山。他沒問題！

我們陪他走了一段，和他聊起來。他告訴我們，他要去山上的一間廟拜拜。醫師囑咐他要多運動，走這一趟路，我們花半小時，他要花三小時，但他毫不氣餒的說：「慢慢走，欣賞風景，反正閒著也沒什麼事可做。慢慢走，人生比較有趣味！」

他的話很有深意，我們也放慢腳步。他告訴我們，他年輕時也是走得很快，小學時就因資優而跳讀一年，國中也比別人少讀一年，就以優異的成績考上第一流的高中，高二，他以同等學歷考上國立大學，大三再考上研究所，研究所還沒畢業，就被一家知名企業高薪聘請，所以他很年輕就當了部門的經理。

但他覺得自己大材小用，所以後來自己創業。他的公司經營得很好，沒有幾年，他的工廠就擁有一千名員工爲他賺錢。他不斷的擴廠，年所得都以億計算。他買了最好的車子和遊艇，也環遊過幾十個國家。他每天認眞的工作，他不僅要成爲台灣的第一名企業，也要成爲亞洲及世界的第一。

他四十歲不到，已經擁有別人一輩子努力不到的成果，可是他一直在想一件事，他讀書很快，做事也很快，賺錢也很快，什麼他都快，可是他卻不覺得他很快樂和滿足。

他可以繼續的再快下去，但即使全世界的錢都被他賺到手，又怎樣呢？不過，他停不下來，他已經習慣用最快的速度做事！他去過許多名勝，也都是匆匆走一遭，拍完照就走，直到有一天，他發現他全身動不了。

他躺在病房裡看著每一個來探病的人，就是講不出一句話。他很有錢，卻買不到一個健康的身體。醫生幫他動了腦部手術後，他很慶幸自己只是手腳有點不便，他已經可以動了。現在他很珍惜上天賜給他的一切，所以他做什麼事都不想再快了。吃飯，他吃一個多小時，然後看幾個小時的報紙，泡了茶，他慢慢的等茶涼。天氣熱，他不開冷氣，讓汗水很自然的流。

他匆匆忙忙的過了四十幾年，最後因生病，他體會出凡事慢慢來，也好好的欣賞所經歷的一切。他已經賺夠了錢，他不用爲生活煩惱，所以他把公司給了朋友經營，讓自己做一個閒人。他一天只做這麼一件事，就是來到山下，再慢慢的走到山上的廟，然後再走回來。他走得慢，所以，他可以很悠閒的聽小路上各種不同的蟲叫。他也認得出許多花花草草，以及每一天細微的變化！

他告訴我們，如果人生可以重來，他一定不會想要走這麼快。路要慢慢走！慢慢欣賞！他說他以前也像我們一樣，想很快的走到山頂，然後像完成了一件大事一樣，再匆忙的下山。現在他手腳不方便了，想快也快不了，但他喜歡這樣。他一邊走，一邊停下來坐著休息，碰碰這個，看看那個。

和這位先生的短短對話，卻讓我心裡有許多想法在翻湧著。我們的一生幾乎都在比誰快。如果沒來爬山，我們會去運動場跑步，而爲了達到運動的效果，很少人是很悠閒的走路，大家都是快快的走，尤其在都會區的上下班時間，每個人都沒什麼耐性等扶梯慢慢走，都只想匆忙的向前擠，也許我們眞有急事，但大部分時間，我們是沒什麼事，只是習慣快一點把功課做完，把一天該做的事做完，然後剩下許多時間，卻覺得很無聊，最後只好再找一些事來做。

爲什麼我們不能慢慢走，好好用心來欣賞這一切呢？

我們在回程時又看到那位先生，他還走不到三分之一，但他一點都不匆忙。他告訴我們，他下山時天都黑了，正好可以欣賞一下夜景。

我們在回程時，不知不覺也把速度變慢了。我們會停下來看一看被折的木瓜樹，又長出了新的枝幹，結了更多的果實。

我們走那麼快，究竟我們要些什麼？我們又和誰在競爭呢？如同圍著運動場運

動的人，有誰是贏家？誰是輸家嗎？不管你跑得多麼努力，也沒有人會注意到你。大家似乎只在乎自己，在一個不會被別人注意的運動場，又有什麼理由要強迫自己一直用最快的速度跑步呢？

這位偶遇的先生他所講的話，給了我許多省思。慢慢走！欣賞風景！我想慢慢走不僅是可以欣賞風景，也可以多懂自己盲目往前衝的心吧！

我把我的想法和我的孩子分享。我告訴他，高中不一定要一次就考上，慢一年讀也無妨！大學、研究所都是一樣！人生的路那麼長，為什麼一定急著在一定的時間內完成所有的一切呢？慢慢走！只要我們沒有放棄，路都可以走到！人生的各種任務也都會一一完成！

☺ 爸媽加油站

面對孩子的功課和問題，您會很急、很緊張嗎？孩子只要前幾名和讀名校，我們就能安心了嗎？每一年都有幾十萬的學生從學校畢業，全世界每年都有幾十萬個博士產生、幾萬個千萬富翁出現。如果我們的孩子是其中一個，他也不一定從此就過著幸福快樂的日子；如果我們的孩子一直都不是，那也不用太擔心，因為身為父母的我們一輩子也從未是，但我們依然活得好好的！

放下急切擔憂的心，孩子長大的過程只有一次，何不陪著孩子好好享受長大的滋味呢？資優和特別的孩子，未來都有他們的一片天，都有他們可以呼吸的空間，請陪著孩子一起成長，享受一路的風景吧！孩子總會長大的，我們示範了什麼樣的態度和心情，他就成為什麼樣的人格特質。我期待我的孩子，像這位先生一樣，慢慢走！欣賞風景！

年輕GO!GO!

年輕是最辛苦，也是最幸福的一段路。我們一直想要向前衝衝衝，但看看那些衝到的人又怎樣了呢？人生多滋味！偶爾我們也享受一下衝刺、達陣的滋味，但偶爾我們也要做一下觀眾，當一下啦啦隊。

人生要積極的思考，但不是只想到贏過別人，要佔有什麼。在減式的思考中，就是讓我們常常歸零，常常把多餘的東西丟棄，讓我們的行囊保持輕巧簡單。

我們每天趕著上課、上班、坐車、走路、下課、下班、趕著吃飯、上廁所，甚至睡覺。你是否有片刻是不匆忙地享受慢慢走的滋味？享受一段簡單、無負擔的走路？佔有愈多的人愈貧窮，因為他的生命都浪費在他佔有的東西上。真正聰明的人，應該是即時享受眼前的所有過程。別讓所有的美好，都留給遺憾或回憶喔！成長過程中有許多是不能選擇的行程表，但你一定可以選擇你的心情。讓自己一有機會就享受生命旅程的悠閒。慢慢走！欣賞所有的一切！

再老，都要有夢想

夢想最大的敵人，有許多時候是父母。他們總有許多經驗談，要我們不要這樣或那樣。

七、八月是各類考試和放榜的季節，對我們似乎是遙遠的記憶；但今年初我決定重回校園，再做一名學生，所以對考試就比較注意和有感覺。

我自己從小學一直到大學，受盡了考試的折磨，所以畢業之後，下定決心不再進學校，也不要再考試；但事與願違，這二十多年，一直都有各類的考試。老眼昏花是我以前無法體會的，到現在才了解這句話的意思。明明就一堆字在那裡，卻怎麼看都看不清楚，揉眼眨眼沒有用，視力愈來愈差，不過我很珍惜現在還可以看、可以寫的年紀，我當下決定進學校把沒讀完的書讀完，把尚未完成的學位完成。

我的孩子問我：「爸爸，您讀書有什麼目的呢？您想要得到什麼呢？」

我想了孩子的話許久，我好像沒有要什麼。我只是想重當學生，把一些想研究的主題用心完成而已，得到學位，對我的生活也不會有什麼改變。不過，我很清楚我不要因爲讀書而增加收入、升職或轉換職場，但我也不會因此輕忽我應該努力並享受全力以赴的過程。學位文憑只是一張紙，但過程卻是一生中最精采和豐富的內容，如果我只想去混一混，我是不會再進學校讀書的。我甚至還和太太約定等退休之後，她要再去旁聽一些課，而我要去職訓所學習電焊和車床，因爲我最大的興趣還是做個環保的創意工作者，也就是玩垃圾變黃金的遊戲。

我的孩子有點疑惑，不過他了解我的想法。他也回應我，他的夢想，是有份安定的工作，能讀自己喜歡的書，不求有名和有錢，一切夠用就好！

我的太太聽了，馬上把我年輕的夢想告訴孩子。

「該不會你也想學你爸爸，夢想做燈塔的守護員或高山上的氣象員、鄉下圖書館管理員？有一份足以溫飽的收入，然後做自己喜歡的事！」

我的孩子點點頭，他就是期待如此。雖然期待常會與事實有些出入，但期待的夢想總會把我們一再的帶回來。我雖然沒有眞的去做燈塔守護員或圖書館員，但我一直都注意到，別讓自己深陷在爲生活或爲工作的水深火熱裡。薪水可以少一些，生活可以簡單些。

我的孩子這時才升上國三，未來其實充滿著不可預期的變數。我告訴我的孩子，不論未來生活如何變化，永遠都要記著現在所期待的一切。也許我們曾在茫茫的職海裡迷失了方向，但我們不論有多少工作、有多少生活上的沈重壓力，我們年輕時的夢都會一再的呼喚我們回到自己期待的巢穴。能爲自己所喜歡的而努力，我們的生活才會變得鮮活美麗。不過，條件是要讓自己能在這個社會的供需鏈裡，找到屬於自己的一塊天地。也許我們無法用興趣來養活我們及家人，但我們一定可以找到一份可以彼此兼顧的工作，只要我們沒有放棄我們的夢想！

我的孩子聽我這麼說，他就大膽的講出他的想法，他說他要做一個遊走世界、自由自在的流浪者。

我聽了，忍不住哈哈大笑。這樣的夢想，我在我輔導個案的作文裡，看到了無數篇。我自己也期待這樣的夢想，也許每個人的原始欲望大概都離不了要自由自在的去流浪吧。如果生活無虞，這又有什麼困難呢？在多元的世界裡，我們想要靠創意或知識，賺到讓自己生活無虞的錢，其實也只要用心觀察和鑽研，並非不可能。我鼓勵我的孩子，以此爲目標，思考怎樣才可以讓自己生活無虞的去環遊世界！

我的孩子百思不解，要靠中樂透彩嗎？還是像許多行業的人，在年輕時拚命賺錢，讓自己在中年以後能自由自在做自己喜歡的事？

我的看法比較不同。如果我們從事的是教書的工作，一年有寒暑假兩到三個月可以自由自在，或是做與校園有關的生意，那麼寒暑假就可以去自由自在的流浪，或做自己喜歡的事。如果是上班族，一天賣掉了八小時，扣除睡覺、吃飯，至少還有兩到四小時自由自在的時間。一週再怎麼忙的人，也有一天到兩天的假日，所以只要有夢想和堅持，沒有什麼是做不到的，不過大部分的人都放棄了！

「爲什麼？」

孩子天眞的問了一個看似複雜的問題。放棄夢想的人，他們到底都把時間花在什麼地方呢？

賺更多的錢，讓自己未來能生活無虞，買房子、車子或買更大的房子或車子，或爲了孩子的教育；也有人是爲了升職，讓自己能成爲更有影響力或更重要的人。

「成爲有影響力和重要的人，不是讓自己更加的沒有做自己事的時間了嗎？」沒錯！在社會階層的設計裡，就是有許多不同的階梯，會讓人不由自主的往上爬。因爲每個人都有一些內在的恐懼，怕輸給自己的爸媽或兄弟姐妹，或輸給自己的親友、同學，所以，很自然的會不斷的往上努力，職位愈高的人，權力愈大，相對的，責任也愈重，愈要爲工作付出心力和時間，每天可能要花許多時間開會或批示公文，解決一些別人的問題。當然，有些人很喜歡，也很適合這樣的工作；但有些人其實並不知道自己不喜歡，也不適合，卻只是因爲家人及社會的期待，就不斷的去爭取和努力！

「我就不適合！」

我不知如何回答孩子的問題，許多時候和情境，我們常會不由自主的往錢多和權力大的方向走去。要有一份工作讓自己生活無虞，可能不是那麼困難；但要讓自

己擺脫社會流動的規律和期待，需要長期的堅持和明確的知道自己的期待。

我自己在同一份工作做了二十年，期間，要容忍一個資淺又沒能力的主管，經常舞弄職權的製造困擾，實在不是一件簡單的事，我的心裡難免浮起取而代之的念頭。但我也很清楚，自己在什麼樣的位置，可以發光發熱，又能兼顧到自己的興趣和理想！

「這是一件不容易的事！」

「爲什麼？」

我的孩子單純的認爲，一個人要做什麼，應該完全由自己決定。爲什麼一個人不能自己做主呢？

我舉了親友必須要赴大陸工作，離家離親的例子。當然，我們也可以選擇不去，但大部分人都選擇順從。

我想要讓孩子明白，堅持自己的理想，有些時候需要一些等待的時間，或者自我的調適，讓現實雖不盡如意，但都在自己可以接受的範圍。

「一個能隨遇而安，又能保有內在對夢想熱忱的人，在這個世界比較容易找到適合他生存的位置！」

孩子的媽媽下了一個結論。我不禁想起三十年前，我尚是一個高職學生，一位老師對我說的話：「讓理想現實化！現實理想化！」

當時我立志要做個專業作家。老師勉勵我，要能寫得久和長，就必須讓自己生活無虞。我這三十年來也都朝著這位老師的指引而努力，同時和我一起想成爲作家的同學，至今幾乎都未再見到他們有任何的作品發表。

讓夢想在現實裡著根，就是用減式的思考，思考我可以爲夢想做哪些妥協，思考在衆多夢想中，什麼是我眞正想要的，思考爲了夢想，我們可以簡化我們的哪些生活呢？

爸媽加油站

您還有什麼夢想嗎？一個沒有夢想的父母，難以激發充滿熱情的孩子。想想我們塵封已久、年少時的想法。也許我們還有許多事要忙，但當孩子逐漸長大，他們會離巢遠去，我們就會有心力和時間做我們想做的事。如果可以，您想過什麼樣的生活，做什麼樣的事呢？

也許我們會再工作十年、二十年，而現在想退休以後的生活，似乎是太早了一些；但若有個夢想，許多的不如意或不順心，就比較容易接受，或者當自己只是一個過客，所以不用太計較。我們可以用心去思考，哪些現實生活中的需求，我們可以簡化，例如住小又老的公寓，不買或換房子，我們就不容易淪為赤貧；不買高一等級的新車，我們就可以多一點機會去旅行，孩子也未必一定要去安親班或補習。許多的需求一一減去，雖然我們什麼都不做，但可能就可以得到自由自在的生活。

父母能寬心的過自由自在的生活，孩子能和父母有更多的交流和互動，我們就會有更多愛與成功的存款，成為真正富有的人！

年輕GO！GO！

夢想最大的敵人，有許多時候是父母。他們總有許多經驗談，要我們不要這樣或那樣。

父母沒有什麼錯，他們或許表達上比較不周全，他們並不是反對我們去做想做的事；如果我們把現實該做的事顧好，例如要有一定水準的成績，該上學就去上學，並完成基本學歷，該睡覺就去睡覺，讓自己擁有健康的資本，如果做好這一切，我們爸媽的反對可能就會減少喔！如果我們真心愛我們的夢想，就讓它在現實裡著根。這樣的夢想，才可能久久長長喔！

孩子不是傀儡

「我的孩子一直很乖！很聽話！」每次我聽到這樣的話，心裡都暗暗擔心，這樣的父母可能會吃苦。

維力是我輔導的個案，他犯的是妨害電腦使用罪。讀高職資訊科的他，電腦的功力常讓專家跌破眼鏡，可是他的想法卻常讓他闖禍。

維力利用網路上下載的木馬程式，自己再做一些修改，就把它放到學校的網站，然後修改老師打的分數和評語。維力幾次得逞，後來竟然還收費，幫其他同學改成績，生意最後還做到校外，甚至於幫大學生改成績、消曠課紀錄。

維力不僅聰明，而且有生意頭腦，很知道市場的需要。要輔導這樣的孩子，除非你能說服他！

「維力！你是個人才，你未來要做什麼都會成功。只可惜你不知道自己的聰明應該用在哪裡。」

改成績一次，收費一千，維力賺了一萬多，消曠課和記過，一次五百，他也賺了快一萬元；但他侵入他人的電腦所造成的損害，卻可能要讓他被退學，而且可能要判好幾年的刑。爲了賺兩萬元冒這麼大的風險，太不值得了！

起初維力還辯解，因爲他自己的疏忽才會留下IP，他如果再做，就不會這麼笨，因爲有程式可以隱匿IP。我問維力，如果他再被抓到，是再犯要再加重刑期。維力是個有本事的人，難道不會選沒有風險的錢賺嗎？

我分析全世界的資訊需求，如果維力對軟體設計很有興趣，而將所有心力全用在功課上，去努力充實自己資訊方面的能力，取得相關的證照，未來就業，維力最起碼有五萬元以上的月薪，如果他要自己創業、做發明，那就無法估計其收入了！

維力對我的意見很有興趣，但他覺得這條路太遙遠而不可及。我舉幾個例子，每個人都用手機，而用手機的人還有哪些需求未被滿足呢？例如充電太久，太麻煩！或是電池使用時間太短，沒電臨時要充電很不容易，或手機很容易遺失，如何防範遺失之類的。這些看起來都是很大的問題；但解決卻未必很困難，只是現在我們都還不知道可以怎麼做而已。

這引起維力的興趣，他開始滔滔不絕和我談論他設計的一些簡單的軟體，例如外掛在電腦的隨身碟就可以運作，以及可以讓電腦保密不受非本人碰觸電腦等。我不斷的肯定他，我告訴他不是做主機和重要零組件的人才有機會賺大錢，只要能滿足使用者需求的人，即使是百分之一的需求者都可以讓他賺入可觀的錢；但重點是，他要是一個有技術能力的人。一個隨身碟已經便宜到只有幾百元，就可以買1G以上的容量，所以維力只需要很小的資本就可以做到難以估計營收的生意，爲什麼他現在要去賺損人不利己的蠅頭小利，把自己美好的前途給毀了呢？

維力不再做任何辯解。他一直不認爲他做了什麼不對的事，他只是靠他的頭腦賺取他應得的金錢。這時他陷入了沈思，他在思考怎樣賺到我說的大錢和快錢。

我看出了他的問題。我告訴他有智慧的人，是利用現有的資源做最有利的事。

他現在是個學生，生活及學費有父母為他支應，學校也有免費的諮詢老師，為什麼不利用這個機會好好充實自己相關的專業技能？

但維力的眼神讓我覺得他想到偏的地方了！因為「利用」好像是詐術。我趕緊解釋，眞正會利用資源的人，是各取所需，利人利己。最簡單的做法，就是他好好在課業及技術上用功。爸媽辛苦的工作，供他讀書不僅心甘情願，而且還覺得自己的付出很值得，學校老師教到用功認眞學習的學生，也會覺得心血沒有白費，而維力自己又學到了一輩子別人搶不走的本事，為自己開創光明的前途，如此不就是利人利己的事嗎？

「這麼簡單?!」

維力很疑惑，他自以為聰明，卻繞了一個大圈子。對他最有利，也最簡單的事，竟然只是做好自己學生的本分，好好用功讀書。維力有點尷尬，又有點不太信服，要他好好用功讀書，不就是爸媽和老師的心願嗎？他經常與爸媽及老師對抗，不肯讓他們如願。原來他不是在對抗他們，他是在對抗自己。

維力故意不用功，讓自己沒有前途，原本還以為自己很聰明，沒想到長期以來自己竟然都是在做蠢事。維力覺得我在糊弄他。

「你以爲我在騙你用功讀書？」

維力如果把書讀好了，擁有了一技之長，那誰是眞正的獲利者？爸媽？老師？還是我這不相干的路人？他是唯一的獲利者，我們這些人都只是希望他贏的朋友。他不知道唯一拉他走向失敗之路的人，就只有他自己。

維力放鬆了他弓起的肩膀，他懷疑自己眞的那麼蠢嗎？自從國中開始，因爸媽逼得太緊，老師管得太多，他就故意可以讀，不讀，可以考好，他就偏偏不要做到。他賭氣，而且一定要賭到底，絕對不低頭。他不了解他爲的是什麼，難道就是要把自己毀了嗎？他不肯相信這就是事實。

「一切都因爸媽、老師，還有你自己的不了解。他們只是讓你覺得不舒服，你就要毀掉自己報復他們！」

如果這些話是在維力國中時對他講，他一定無法理解，因爲他的感覺蒙蔽了一切；但現在他不同了，他的身心已發展到會爲自己的利害思考，可以由大腦決定自己的行爲。

「我錯了?!」

「你沒有錯！是你成熟了！懂事了！」

維力把我的話聽進去了。他原來會沈迷在網路遊戲，但他現在開始用功，他找回丟掉的功課。高職畢業後，維力沒有屈就一所私立技術學院，他重考一年，後來考上了國立技術學院。前一陣子，維力還打電話給我，告訴我他考上了博士班！

「簡單原來是最好的一條路！」

這是維力電話中告訴我的結論。維力目前已經擁有好幾項專利，他依循著我當初對他說的善用現有的資源，做最好的選擇！而這個選擇就把複雜的事變簡單了！

☺ 爸媽加油站

為什麼教養孩子如此的困難？只有一個原因，就是我們想太多了。孩子要的其實不多，就是我們的了解和陪伴而已。不要等孩子發生了問題，才注意到孩子的存在。每天都在孩子身上存一份愛與成功的存款。把孩子的責任還給孩子，我們不過就是陪他走一段路的人。這樣還不簡單嗎？

可是大部分的父母不是做太多，就是沒有做對。做太多的父母，讓孩子陷入了情緒上的抗拒，把該做的事，也故意不做到。沒做對的父母，不斷的做一些孩子不期待的事，不斷的打擾小孩把自己該做的事做好！

你是什麼樣的父母呢？

有些父母盲目的自信著，「我的孩子一直很乖！很聽話！」每次我聽到這樣的話，心裡都暗暗擔心，這樣的父母可能會吃苦。

也有父母根本不認為自己操作著孩子的未來有什麼不對！把孩子當傀儡，手就這樣理所當然的操弄孩子的一切，自認這樣就是愛孩子！

還有父母根本漠視孩子用叛逆和粗暴的方式，所發出的求助訊號！只想管理、控制小孩，要小孩別再找麻煩，而不去了解孩子所做的一切，不過是在向父母討愛而已！

簡單是最好的一條路！做一個簡單的父母，別把孩子弄得一生都不懂自己。

年輕GO!GO!

重述維力的話，什麼是現在對你最有利的做法？什麼是你現在可以利用的資源？怎麼做是對你自己最有利，而周遭的所有人，也會以你為榮的？別讓自己變得太複雜，當連你自己都不了解自己的時候，這個世界是沒有人有能力和你溝通的喔！

讓自己愈簡單愈好！

愛的戰爭

爸媽在他們小學就訂了考試比賽規則，贏的人才可以睡在爸媽房間，輸的人必須睡在隔壁書房。

宜嫻是爸媽眼中的頭痛人物，她的個性倔強，絕不輕易妥協。有一次，爲了要抗議爸媽處理事情不夠公平，她絕食抗議三天，最後還因虛脫送醫治療。

宜嫻的爸媽對這樣的女兒十分頭痛。他們不了解自幼他們就很重視孩子的教養，而家裡也就宜嫻和哥哥兩個孩子。哥哥大宜嫻一歲，兩個人成績都不差，只是哥哥活潑有禮，較爲討喜，宜嫻好強鬥勝，不肯服輸，每次考試之後，都很在乎哥哥是不是贏過她。

現在宜嫻被送到法院，也和考試有關，因爲她月考自覺考不好，贏不了哥哥，竟把她考不好那一科的全班考卷，利用午休時偷了出來，撕碎後，扔進垃圾回收桶。

一開始，沒有人懷疑是她做的。調閱監視器，才發現是她。宜嫻當場嚎啕大哭，矢口否認。學校要宜嫻的家長到校，爸媽一開始也挺宜嫻，堅持宜嫻沒偷考卷，因爲她成績幾乎都是全班第一名，沒有理由要偷考卷，後來學校在很無奈的情況下，才請警方幫忙，之後經由指紋比對和同學的指認，宜嫻只得默認。

宜嫻來到法院，一臉沈默。宜嫻的父母緊張極了，卻不知要如何幫她，因爲她始終不肯說明自己爲什麼要偷考卷。而考卷經拼湊改出來的成績，她其實也是第一名，而且也贏過她哥哥！

在調查時她都不肯說話，我請家長先離開談話室，倒了杯溫開水請她喝，剛開始宜嫻也不理我，我堅持請她先喝口水，她先喝一小口試試看，覺得還滿舒服的，就比較大口的喝了一口水，她微閉眼睛淚水淌了下來，可以感受到她這段期間所受的折磨，每個人都想知道「爲什麼？」家長甚至在學校老師的建議下帶她看了心理醫師，事發至今兩個多星期，我深深的從她的眼神中了解，她相當的痛苦，她向學校請了病假，她眞的是病了！

「我不想知道爲什麼，這沒有什麼意義！老師比較想知道的是，兩星期以來，妳有沒有好一些呢？」

宜嫺沒有回應我，只是抬頭看我一眼。

我喃喃自語講述我小時候偷了姐姐一百元，那是她有急用的錢。衆人在四處搜尋，我內心感到焦慮和不安，大家認爲我是最不可能偷錢的；但錢卻在我的布鞋裡搜到了。

我賴給哥哥，哥哥百口莫辯的被打了一頓，至今幾十年過去，我仍對這件事耿耿於懷，不知如何面對。我知道我錯了！更大的錯誤是我沒有勇氣認錯，還誣賴哥哥，害他受到委屈。

這件事我不能改變什麼，直到最近一次家族聚會我把這件事講出來，並向哥哥道歉，哥哥告訴我他早忘了這件事；但我背了它三十幾年。

我講這個故事，只有一個用意，希望宜嫻把心理垃圾丟出來，讓自己從現在開始就好過，不要讓一件不對的事一再的懲罰她幾十年，這裡雖然是法院，但她未成年，所涉的又是五年以下的輕罪，她又沒前案紀錄，所以最多只是假日來上課或接受輔導，所有的紀錄也都會在一定時限內塗銷，而且我的用意不是要她認罪，只是想讓她趕快恢復正常的生活，這是一件小事，人生旅程中的一點小小意外。大家都期待她重新找回自己，別再爲這一件小小的意外讓未來的人生，留下不可抹去的陰影！

我足足講了十幾分鐘，宜嫻仍沒有回應我，但我很仔細的在讀她的表情，她的內在對我的話有許多回應，只是面對一個尚不能完全信賴的少調官，她紛亂的思緒無從回答我什麼。我接著說，如果現在我們可以想到一個讓她和大家都可以接受的理由，這件事情就會變得很容易，關鍵是這件事情的發生，她自己都覺得自己可能的理由很勉強，她心裡只是擔心這一科考壞，成績會輸給哥哥，這只是月考，哥哥國中三年級，她二年級，原本就很難比出勝負，如果她不藉這個機會自我調整，未來學測、聯考她很可能還沒有考，自己就先崩潰了！

「哥哥不是你的敵人，也不是競爭對手！他未來會是你除了先生孩子以外，最重要的親人！」

她會在乎哥哥是不是贏過她，當然和爸媽的態度有關，爸媽在他們小學就訂了考試比賽規則，贏的人才可以睡在爸媽房間，輸的人必須睡在隔壁書房。她從未輸過哥哥，因爲她害怕自己一個人睡覺！這雖然是小學低年級的事，但她根深柢固的認爲只要她輸給哥哥，爸媽就不會再愛她。

爸媽不否認認他們很在乎成績，但他們辯解他們只是好意，希望孩子彼此有良性競爭。宜嫺後來願意把她心裡的祕密全都說出來的關鍵，是我分析人的一生不可能哥哥都贏，贏的也只會是表面的假贏，眞正的贏要贏得自己有一個好的個性，容忍別人比自己好，能在各方面都輸的情況下，仍自我肯定奮發向上，眞正的贏是一生有精采的過程，在屢敗屢戰中豐富了我們的生命日記！

未來哥哥可能讀建中，她可能讀北一女或中山、景美的女校，兩者是很難比的，大學更難比什麼科系、什麼學校是優異的，也許比研究所誰先拿到博士，誰的薪水高，升職快。但如果輸了！我們要高興有個有能力的哥哥，如果哥哥每一樣都遠遠輸她，甚至未來要依靠她才可以生活，難道這就是她期待的嗎？

「我不比，爸媽就是要比！」

宜嫻其實不在乎是不是會輸給哥哥，她眞正在乎的是爸媽是否看重她，能否以她爲榮！她眞正和哥哥競爭的是爸媽的愛，更明確的說，是她害怕失去爸媽的愛！但整個事件的發生，證明她不需要優秀爸媽也是愛她的，她出了那麼大的事，一路上爸媽都是挺她的，爸媽都擔任公司的要職，但今天都請假陪她來接受調查，都認定她是生病，而不是個壞孩子！

「一個人要有鬥志和企圖心，才能激發全力以赴、努力向上和向善的決心；但我們要很清楚，什麼是我們可以輸的！什麼是我們可以不要的！」

我進一步解釋，一個人可以輸在一時，但要有鬥志贏回自己要的。如果全力以赴，未能贏得所有，我們也要很清楚，我們可以輸在表面，但絕不輸在內在自我的賞識和肯定。生命裡沒有眞正的贏家和輸家，只有自己怕輸的個性，會讓我們輸掉所有！

「要輸得起?!」

「要知道沒有什麼是輸！人生經驗到的都是賺到的！」

要眞正懂得什麼是贏，就要知道什麼事是可以不用太計較。學會做一個能賞識別人的啦啦隊，更勝於上台領獎，得獎的人，只贏得一時的風光，但啦啦隊卻會贏得永久的友誼！賞識自己有一個出色的哥哥，也賞識自己有能力和哥哥並駕齊驅。

「如果你能看到這件事情的恩典，你就是眞正的贏家！」

「恩典?!」

「是的！這一切都是上帝最好的安排！」

如果不是這樣，她不會來到法院，不會遇到我，那誰有本事解開她的心結呢？宜嫻是個絕頂聰明領悟力強的孩子，她馬上了解我所說的。

「你會犯這樣的錯誤，是因爲你生病了，醫生也證明你有焦慮傾向，所以別擔心學校的老師和同學會不原諒你，爸媽會不再信任和愛你。他們都期待著，這場病趕快結束，宜嫻能恢復以往的笑容，甚至更健康的笑臉！」

看見宜嫻笑了，我的心也安定下來。我和爸媽談話，希望能協助宜嫻盡速重返學校，當然希望爸媽和老師同學，都能以大病初癒的心態來看待宜嫻，這個事件宜嫺的確是個大病初癒的人；但我相信，她會因此更健康的過每一天！

爸媽加油站

我們的孩子不是要贏而已！我們孩子要學會不論在任何情況，都能保持內在的正向和積極的態度！成就應該不是一時的事件或結果，贏應該是個過程，我們是不是樂於以學習的心，去面對生命的各種考驗和挑戰！

父母的態度決定孩子的態度，父母若功利的看待孩子的分數，而不是重視孩子參與的過程，我相信我們的孩子會患得患失，常會陷入焦慮情境。我們的孩子不僅要輸得起，而且要在每一次挫折中學到比成功更棒的經驗。「輸」不見得是負面的字，如果我們了解裡面有著上帝的恩典，我們孩子的輸就是另一種的贏喔！

年輕GO!GO!

怕輸而不敢去嘗試的人是永遠的輸家，如果明知道自己會失敗，卻抱著不經一事不長一智的勇往直前，並從每次經驗中肯定自己，超越自己，你就是真正的贏家！因為你的生命不僅是多元而豐富的，而且充滿著生命的活力。減式的思考，就是在任何情形，都能了解事件的真正價值是什麼，而不是盲目的被數字和名次給擊垮了！永遠看見自己在事件中的學習和收穫，而不計較有形的得失，表面上是減，事實上是加和乘喔！

Part5 創意思考力

我們都以為發明和創意是無中生有，事實上並非如此，創意和發明只是調整我們看事情的角度和用心，看見早已存在的事實，就如偉大的藝術家畢卡索和米開朗基羅，他們都認為自己不是創作，只是把屬於這幅畫的顏色填上去，他們不是雕刻出作品，而是把不屬於這件作品的東西去除。

我們的想法往往會決定一件事的可行性和難易程度，我們的想法也常常是執行一件事最大的障礙。改變我們思考的模式，我們就可以把不可能變可能。在二十一世紀，如果我們的孩子想要靠腦力維生，我們就要做個懂得創意思考的父母！

創意思考不難，只要我們知道如何思考！

沒有不可能

我們一生中最大的敵人就是我們對自己的否定思考！

我曾經受邀至某高科技公司，協助研發部門做教育訓練。單位裡的工程師看到我的學歷背景和我要擔任的角色，十分質疑，一直抱著不合作和唱反調的態度。

我們討論了一個早上，確定了爲期六個月的研發目標，沒想到訂出了目標之後，有工程師立刻反映，我外行，所以不知道這樣的目標是不可能完成的。的確，我不懂資訊，也不懂他們所知道的專業；但我了解到只要這項產品在經由大家的討論後，認爲是未來最有競爭實力的產品，那麼就值得我們去研發。我以我帶過的團隊爲例，我說，只要我們認爲可能，那麼就沒有一件事是我們做不到的！

我再舉電腦的發展趨勢，雙核心CPU沒有被研發出來時，誰會想到可以這麼做？一旦雙核心的概念被想到了，不僅雙核心被做出來，四核心、八核心、十六核心……將陸續成爲商品。

我們常在追別人的發明，讓別人的專利剝削了我們的利潤。如果我們想要有突破性的成就，就必須要有超前別人一步的思考，做別人想不到或做不到的事！

我們花了許多時間在辯論，最後公司的總經理做了決定，此項研發勢必要完成，願意參與此項計畫的人留下，不願參與的人將調任其他部門或離職，大家未再爭論，開始共同專注心力，思考如何完成。總經理還下了另一道命令，若提早完成，參與人員將給予國外休假獎勵。後來，原先連總經理都沒有太大信心的研發，不僅提早完成，而且效能比預期的還要好！

我有非常多次類似的經驗。人類的內在是充滿惰性，不肯改變現狀的，所以，大部分的人都得過且過，得用且用，若逼不得已，不會主動去思考突破和改變的！

創新研發就是要對現實永遠不滿意，如爲什麼電腦開機要這麼慢？懂得電腦的人可能會告訴我們一堆理由，但爲什麼電腦不能像電視或音響按了立即可以使用呢？消費者要的是結果，所謂研發，就是要想辦法滿足這樣的需求！早期的電視不也是開了要等好幾十秒鐘，後來爲什麼可以即開即看呢？沒有什麼是辦不到，只是我們還沒有想到辦法而已！誰先想到、做到，誰就享有這項智慧財產權！腦力的競爭不就在比誰想得快和做得快嗎？

創新研發未必要做複雜的高科技，日常生活所見的各種產品改善或者是增加它的效用和功能，都可以創造想像不到的商機！如果我們能有開放的頭腦，生活的創新只不過是習慣、經驗、知識的改變而已！是很容易的，只要我們有一雙不一樣的眼睛和一顆不一樣的頭腦！

只要你想得到的事情都一定做得到！有孩子問我用走路的方式走到月球也辦得到嗎？爲什麼辦不到？如果我們能找到超越地心引力的方法或是工具，靠人的體力跨越哪裡都是有可能的！

這位孩子又問我如何超越地心引力，我分析我的想法，地球因自轉及太陽系的公轉，彼此因長時間的運轉而達到平衡的狀態，維持著穩定的拉和推力，這其中有很大的能量存在，就像幾個強大的磁鐵要維持平衡，不相吸引和互斥，一定有動能存在，如果能解讀其中的微妙關係，我們就可以利用其間的能量，達到我們需要的結果，就如大到飛機或輪船，操控者也是用很輕微的力量就可以控制千萬噸的龐大機體，所以，別小看人類的體力，只要透過聰明的智力，沒有做不到的事！

走路登上月球是有可能的，就像徒步橫渡海洋一樣，它需要用到一些我們還未想到的方法和工具！如果他真的有興趣，只要他不斷的研究，總有一天，他一定可以徒步登上月球！任何事，先要認定可以做到，我們才有可能想到方法！沒有什麼是不可能的，只是我們還未想到方法做到它而已！

我們一生中最大的敵人就是我們對自己的否定思考！回顧十年前的一切，誰會想到今天資訊上的許多變化呢？再回溯一百年，誰會想到許多想都想不到的科技，會一一的實現？如果我們仔細研究，我們會發現世界在這一百年間是呈倍數的進步。大家內在的否定思考愈來愈少，一夜致富原來是只有買彩券才能做的夢，但在這個時代裡愈來愈多三十歲前就是億萬富翁的例子，靠的絕不是勞力或體力的付出，而是腦力！這些人只滿足了一部分人在資訊上的需求，他們就致富了！所以，我們的孩子立足在這樣的時代，必須依靠的不只是學歷而已，而是專業上的技能和智力，以及向不可能挑戰的熱忱和信念！愈是不可能的事，孩子愈有興趣去知道和挑戰，就愈有機會靠創新的點子，讓自己在這個世界上生活無虞！

沒有不可能！是個信念，也是個習慣。如果我們對現實的要求很低，認為只要可以用就好了，而不想讓使用更便利或更有趣，那麼任何的創意都不可能出現。若我們在生活上是一個喜歡改造和變化的人，我們就愈可能創造不一樣的結果。

我有個做陶的朋友，他喜歡做各種奇怪的茶壺，他也喜歡泡茶，所以他的茶壺千奇百怪，不只是陶土做的，還有石頭、金屬、玻璃製的，也有紙做的。他雖沒有靠賣茶壺賺到大錢，但卻賺到了生活的樂趣。創意未必是要用來賺錢，有些時候創意是讓自己的生活更豐富、有趣。

我的好朋友張仁彰老師，擁有一雙巧手。每次見面，他就用紙或吸管，或綁東西的硬膠帶，隨手做出各種可愛的動物。他還會用鋁罐做出小巧的用品，用不同顏色的紙編織美麗的卡片。創意可以是一種生活方式，不論在食、衣、住、行、育、樂等方面，都可以隨我們的創意飛行喔！

重點是只要你有一顆無限可能的心，那任何事都是可行的。只要我想，我要，我一定辦得到！

爸媽加油站

要孩子的內心世界充滿著創意和可能，爸媽可能在生活上不能輕易妥協和得過且過。如果我們在家喜歡動手讓家更舒服、更安靜、更清潔、更漂亮，那麼我們就有得玩了。我的家在大馬路邊，又吵、空氣又差，但經過幾年的改善，我們家沒有空氣污染的灰塵，關上門窗，外面的車聲從七、八十分貝，降到四十分貝以下，晚上睡覺也不再被車聲驚醒，當然這是經過多次不斷的改良而有的成效。一切都是可能的，靠別人不如靠自己。當然這幾年為了維持家中的清爽，我們已經不輕易往家裡帶東西，都是盡量廢物回收改造再利用！

孩子的特質會跟隨父母的喜好發展。我的孩子從小愛閱讀，也很有興趣自己動手做卡片。每年父親節或母親節，我們的門上總會有大大的驚喜。有創意的孩子會讓生活充滿樂趣，未來在工作上也會有無限的可能！重要的是，爸媽，您是否也喜歡和接受孩子不同的想法，甚至許多時候，我們是需要一些耐心去容忍孩子製造的垃圾喔！

年輕GO！GO！

創意是年輕人的最大本錢，但大部分的我們，一開始時的創意都是難以説服別人的。如果創意是大家一開始就能接受的，那這種創意大概就沒太大看頭。一個有潛力的人是要懂得去行銷自己的創意，並且讓別人懂得欣賞和使用我們的創意喔！

興趣是創意的動力

興趣一定可以當飯吃，懂得經營興趣不僅可以吃到很好吃的飯，還可以吃遍全世界的飯！

有一次，我在雜誌上看到一份報導，內容是介紹國內最大的一家模型公司，其創辦人的成長經驗。他來自眷村，從小就喜歡玩各種模型。考試前也沒有準備功課，仍沈迷於他的模型。他的媽媽氣炸了，把他所有的模型全丟在地上踩個稀爛，大罵他玩這個可以當飯吃嗎？他賭氣的頂媽媽，他不僅要拿模型當飯吃，而且要吃很好的飯，他媽媽當時氣得手腳發抖。但他堅定的、不斷的在玩模型中改善和研發，據報導，他現在的公司每年都有幾十億的營業額，並行銷各種模型到全世界。

類似的例子不勝枚舉。世界上許多的大企業老闆都是從小興趣開始發跡的，如對汽車有興趣的亨利．福特，他在衆人的嘲笑中不斷的努力，最後成爲汽車大王。微軟的創辦人比爾．蓋茲，不僅喜歡創意，更享受創意，他的口頭禪就是：Super fun（超級快感），Super cool（超級妙）。比爾．蓋茲的成就來自於他追求創意的快感。興趣是一個人有創意最大的動力，我鼓勵我輔導的個案和孩子，做自己喜歡的事，並把它做到全世界最好。我的孩子喜歡閱讀歷史書，我也鼓勵他讓追求歷史知識的興趣成爲未來的職業，我相信他一定可以在這個領域裡發光發熱！

前幾天，我看到一則新聞，報導一位對機械和資訊很有興趣的醫生，當初因爸媽的期望難以抗拒，而從原來的甲組理工科系轉到丙組的醫科。但他只是將醫生當成職業，他眞正的興趣是資訊和機械。他在自己的診所設了一個工作室，只要有空，他就埋首其中享受他的興趣。

我看了這則新聞，心裡很難過，父母的看法是醫生的收入比較高，但如果這位醫生以他的聰明和熱忱，想要在資訊或機械的領域有一片天，其實是很容易的。醫生賺的是時間的錢、服務病人的錢，但創意卻可以賺到智慧財產權，這可是難以預估的財富。

我想，在人的生命中，爲生活而工作是一種層次，若我們能爲興趣而工作，又能讓自己過很好的生活，這不是更美好嗎？我的孩子喜歡冷門的文史哲學，但只要他有興趣，他的熱忱就會讓他學到的東西變成不一樣的財富。歷史小說被編成戲劇，或編成動畫和電腦遊戲，沒有歷史故事的素材，是不會有生動而有深度的多媒體產品。

別小看孩子的興趣，在我輔導的個案裡，有一個孩子對做點心很有興趣，他國中就讀技藝班，高職讀的也是相關科系，畢業後在一家大飯店任職，年輕的他，三十歲不到就已經是部門的主廚，沒有讀大學的他，經常受邀到餐飲科系演講和任教。

我問他，是什麼動力，讓他一再的研發出新的點心和產品？他告訴我是興趣。做好吃的點心是他最大的興趣，他連做夢都會夢見自己在研發新的產品。後來他和

朋友出來創業，雖然位在巷子裡的工作室連招牌都沒有，卻每天都要做出一萬份以上的點心供應給大飯店，最後消費者知道他的工作室，還直接來購買。每天點心出爐時間一到，不到半個小時，所有東西都被排隊的顧客買光光！

最近有個喜歡耍籃球的十幾歲孩子，他把玩籃球可以玩出幾百種花樣，經常受邀到明星的舞台上客串表演。在許多師長父母的眼裡，可能會覺得耍籃球有什麼用，但如果他繼續努力，能把籃球玩到出神入化的境界，就像大衛魔術般的讓人驚嘆，那麼未來他還可能到世界聞名的秀場表演。他只要靠一顆籃球就可以走遍全世界，不僅可以當作職業，還會享受到無比的禮遇和尊榮。

在這個多元的世界，要的人才絕對不是只會讀書、有文憑的人，而是要有本事的人。我們的興趣不論在哪一方面，只要願意用心投注時間去研究，把這份興趣提升成為專業，甚至再運用一些行銷上的策略和技巧，許多不起眼的興趣都能有大大的作為喔！可別小看我們自己的興趣！

我自己也因大姐的長期鼓勵，因而喜歡上閱讀和寫作。我雖沒有靠寫作為生，但因長期投入寫作工作，十餘年的時間已出版了四十幾本作品，雖然沒有因此賺了許多錢，但卻交了許多朋友，也因我有這份額外的收入，我更能隨心所欲的做許多事，豐富我生命的旅程。我會一直維持著寫作的習慣，因爲它已是我生活的一部分，我習慣每天一定要寫一些東西，寫多了，也常有出版社或雜誌、報紙，主動邀我寫專欄或推薦序，生活雖忙碌，常不自覺就把行程塞得滿滿的，但相較其他公務人員的朝九晚五，我過的生活簡直是富有。

我從小對玩具的發明也充滿興趣，幾年來，我已經累積了五百種新發明，雖然沒有商品化，但等未來時機成熟，我相信仍然有著許多想像不到的可能。

奇蹟的背後是一連串對興趣的執著與努力。我鼓勵我的孩子，別只是喜歡而已，而是要讓自己的喜歡成爲專業，這樣我們才能靠興趣在這個世界上立足！打撞球如果可以打到出神入化，就像表演特技一般的把球玩弄在球桿上，這樣的技巧只有不斷的練習、練習，再練習。如果沒有強烈的興趣，是不可能做到的。

我從不質疑孩子的興趣是否有價值，但我鼓勵我的孩子，不只是玩而已，而要從玩的過程中，了解自己是不是眞的喜歡這個領域，並在這個領域中如何利用興趣的動力，創造出生命中的各種奇蹟和可能。這除了努力的練習之外，更需要對社會的期待和需求有所了解和認識。我們的興趣未必要對社會有什麼貢獻，只要滿足部分人的需求和期待就可以了，這也是許多運動明星每年都有高額所得的原因。一項興趣可能結合周邊的各種商品，創造我們想像不到的商機。興趣一定可以當飯吃，懂得經營興趣不僅可以吃到很好吃的飯，還可以吃遍全世界的飯！

爸媽加油站

培養孩子的正當興趣是許多爸媽常做的事。如果爸媽不喜歡游泳，孩子對游泳的興趣可能只會是短時間的熱忱。爸媽的喜好對孩子有極大的影響，而現代的爸媽除了工作賺錢，在生活中有特定興趣的人不多，我們的孩子也因此容易被電視和網路遊戲吸引。

孩子一旦沈溺在網路遊戲的世界，爸媽才想把孩子救出來，我覺得常會做白工，因為孩子不把時間耗在螢幕上，他要做什麼呢？我的孩子習慣把空餘的時間用在閱讀他喜歡的書，因為從小全家都愛看書。若不看書，他也不知道要做什麼。另外，他也喜歡跑步、爬山、游泳、騎自行車旅行，這些可能和他未來的發展都不會相關，但一個孩子的興趣除了是發展未來工作的目的，更重要的是，讓他的生活充滿樂趣和活力。

我周遭許多朋友，假日唯一的樂趣就是睡覺，要不就是看電視、上網玩遊戲、逛街。我覺得健康來自我們的生活型態，如果我們的生活型態是散漫而沒有活力的，我們的頭腦是不可能有什麼好創意點子的。創意不只是創意，它也是種生活態度。有了創意的生活，我們才會充滿著活力和動力喔！

年輕GO！GO！

如果爸媽就是那種懶得動的父母，你就必須要有警覺，他們的生活型態是不是就是你要的呢？如果不是你要的，那你要什麼呢？

我覺得生活型態不僅和創意有關，和健康也息息相關。一個人身體會肥胖或有這種病、那種病，請先仔細去檢視他們的生活，你會發現看醫生吃藥的幫助是有限的，尤其現代人容易有許多精神上的疾病，情況也是一樣。我觀察過，有某種興趣的人，他們的生活會比較積極和正向，也會比沒有興趣的人來得健康。興趣不只是興趣，它可能創造我們生命的奇蹟，當然也會在生活上創造各種樂趣。讓我們活得健康、活得快樂、活得更有希望喔！

用心經營我們的興趣吧！

「訓練」創意

為什麼要潑孩子冷水，讓孩子也對自己失去信心呢？

有一次，我帶一個暑期創意的夏令營，我要學員練習突破習慣的思考。我給了每一小組一把普通吸管，我希望他們至少變出十種以上的特別功能。最後各組成果發表。學員們在三個小時裡能玩出什麼呢？

吸管有什麼特性？

第一，它是個「中空的管子」：學員們可以利用它衍生出各種不同特性，如和進出空氣有關，所以管子可以吹出聲音，它不僅可以做笛子，也可以因長短不同做成排笛。另外，可以在吸管一頭塞入溼的紙團，另一頭用力吹，或在大一點的吸管裡塞入小一號的吸管，做成吹箭或空氣槍。把吸管的一頭做一些改造，沾上肥皂泡，可變化出各種不同的吹泡泡！

至於和裝填物有關的，將幾根大一點的、長短粗細不同的吸管合在一起，再裝入細沙封裝，就成了特別的搖鈴，也可以用沙或水由上而下，做成沙路或水路，大支的吸管可以像竹筒般裝入流狀食物，再做成冰條，或後面裝個膠帶，綁上橡皮圈，做成奶油擠壓器或寵物餵食器！

依外形的特性，並排黏在一起，前0.5公分做成一個昆蟲飼養的箱子，或用長短不同做成各種造型的燈罩，串成一排，編成各種裝飾品，如髮飾、胸針和面具等。

第二個特性是「輕」：有學員做成飛機、飛筒、風箏和風車，並利用其管狀讓它飛起來時有各種的聲音。管狀兩頭塞住，做成各種浮具和各式船體，也有學員做成獨特的飛盤，或是前頭加上一些重量，做成降落傘和標槍！

第三個特性是「強韌性」：整支做管狀的編織或剪開成條狀做各種編織，有人編成小籃子，有人編成各種不同的動、植物，也有人加上LCD的燈光，做成閃爍的夜燈。

第四，其他的特性：如管狀物可以做成避震或吸震材料，因管狀隔離溫度，可以做保溫或是隔離溫度的材料，學員還想到它可以用來塡縫（壓扁塞進縫裡）、補洞時伸入孔內，再灌入乳膠……

光只是吸管，這些學員玩了三小時還意猶未盡，事後聽說他們還想出更多可以利用吸管的方式，不論是否實用，創意是無限的，只要你懂得去思考，許多東西都會被想出來。在此，我準備用最簡單的思考方式，引導大家來做練習！

橫向的思考，也有人叫它水平思考，例如有人發明了把輪子裝在板子上，成爲實用的推車。我們就要思考輪子還可以裝在哪裡，讓我們的生活更便利和有趣。

有人想到把它裝在衝浪板上，那就可以在路上衝浪，它也就成了現在流行的滑板，裝在鞋子上就成了溜冰鞋，裝在椅子上就成了現在的辦公椅和殘障用的輪椅，裝在冰箱、洗衣機上，讓搬動更便利。輪子還可以裝在哪裡呢？床當然也行，醫院

amanda.Lo

的床不就是裝了輪子，還有呢？房子也行嗎？當然囉！露營車不就是一部拖著走的房子嗎？還有呢？有輪子的桌子，哪裡用得到呢？講桌裝上輪子是不是很方便，茶几裝上輪子，清掃時就不會有死角。想想看，還有哪些地方用上輪子會更方便呢？

縱向的思考：也有人稱爲垂直思考。我們仍以輪子爲例，如何讓輪子發揮更大的功能？或是輪子可以結合什麼器械，讓輪子更有實用效能？最簡單的就是裝上馬達、引擎，它就成了各種汽機車，裝在輪椅上，就成了電動的輪椅。輪子還可以和什麼結合呢？摩天輪是把輪子放大，而如果縮小，哪裡用得到呢？鐘錶或滑鼠是不是也用到輪子？千斤頂如果加上輪子或汽車，就成了堆高機。

縱向的思考，就是思考如何才能讓輪子發揮更大的功能。雖然現在科技的發達，很多看起來可以想到的東西，別人都想到了，其實不盡然如此，現代人使用電腦時間很長，手腕關節容易受傷，有人用輪子的概念，做成更容易移動的手腕帶，把輪子的想法用在抽屜和拉門上。電話是不是也可以穿輪鞋呢？或是怎樣可以讓有輪子的車子爬上牆壁和天花板呢？

逆向的思考：輪子眞的功能很大，但一定要有輪子嗎？用氣墊船的原理，讓車子凌空行走可不可以？或是怎樣讓車子浮在空中，減少摩擦力？磁浮列車已經有人想到了，而怎樣才可以讓一般的車子也能像磁浮列車一樣浮著走呢？可別急著說不可能，創意的第一個思考就是「沒有不可能」，只是現在還沒想到方法！

洗衣機一定要用水嗎？沒有水，要怎麼洗呢？

電腦的輸入一定要鍵盤嗎？沒有鍵盤，要怎麼輸入呢？用聲音？還是用思想？用聲音該怎麼辨識？用思想輸入，可以怎麼做？這些都有人長期在研究喔！

汽車一定要汽油和電嗎？沒有油和電的車怎麼發動呢？用光推車子走行不行呢？車子只吸空氣或裝水就可以走嗎？當然可以！只是還沒有找到方法而已。

電燈一定要用電嗎？可不可以把白天的光直接儲存起來，晚上再放出來用呢？這當然也是可以囉！

簡單如我們的生活：

開門、開車一定要用鑰匙嗎？

米一定要煮才會熟嗎？

藥一定要用吃或注射的嗎？

充電式電池一定要插電才能充電嗎？

電腦一定要一堆接線嗎？

近視一定要戴眼鏡嗎？

瞎子一定看不見？

聾子一定聽不到？

人一定要讀書嗎？

衣服一定要洗嗎？

人一定要死嗎？

這些問題的答案一定是「不！」要它不，就要想出不的方法！創意不就是這麼一回事嗎？

沒有什麼是不可能的，只是我們還沒有想出方法而已。

方法是人想出來的，只要你肯去想，遲早會讓你發現解決的方法！人不死都是有可能的，還有什麼事是不可能呢？

爸媽加油站

可別以為我在胡思亂想，全世界人都在解決所有別人認為不可能的事。前幾個月，我看電視報導有科學家已研究出人不靠呼吸器，卻能在水底自由呼吸的方法，如果這可行，那麼在高空稀薄的空氣裡，人也一定可以自由呼吸。想想看，如果要這麼做，有哪些方法呢？

引導孩子思考，就是給孩子沒有邊界的思考空間。任何事情都是可能的，只要您相信，並且願意給孩子表達不同意見的空間，我想孩子會回報您的熱誠和努力的！

我對孩子的口頭禪就是一切都是可能的！我相信你，也支持你！找出證據，讓更多人也相信你！

為什麼要潑孩子冷水，讓孩子也對自己失去信心呢？

年輕GO!GO!

給自己加油!相信自己的想法，不論我們的想法，別人認為多麼荒謬，只要我們堅信它，而且不斷的付出行動。一個原來荒謬的想法，是很可能創造出奇蹟的!

加油!偉大的創意來自於大家都認為的不可能喔!

「激發」創意

我們的教育最失敗的就是不容許孩子和標準答案抗辯。

有一次，我受邀到一家汽車精品的研發公司擔任課程講師，他們有很好的創意，每一樣東西都很吸引人，但他們面臨一個問題，只要申請專利的東西一出來，不久就被模仿，而且大部分的產地都是在大陸或東南亞的地下工廠，很難追查。

我看他們的產品都是點狀的產品，缺乏整體的規劃，例如，掛在冷氣孔的汽車芳香劑，做成各種隨風轉動的直升機、風車、水車因構想接近，所以即使別人不模仿，只要改變一下樣式，他們的創意也就被超越了，因爲類似的東西是以新奇吸引顧客購買，因此產品的實用價值不如產品的新奇，顧客會不斷的被新奇的產品吸引，所以，我在課程裡，特別設計了一套引導他們有系統思考的方法。

第一個思考，汽車裡有哪些地方可以發揮創意？汽車相關產品，首重不妨礙駕駛安全，又能滿足汽車使用人的需求或增加其駕駛樂趣。從汽車的外觀，前後、左右兩側後視鏡，到內部的擋風玻璃，兩側及後側玻璃，汽車的頂、地面和扶手部分，音響部分和冷氣出風口，座椅和頭靠，有那麼多地方可以發揮創意，但他們卻只注意到冷氣出風口。

第二個思考，汽車駕駛人的需求有哪些？除了提升汽車效能、駕駛安全、健康、精神和樂趣，如何讓車子與眾不同？如何給別人有驚奇的效果？

第三個思考，什麼樣的產品是顧客最期待的？最具有市場競爭力的產品，如何不易被模仿？又如何才能讓產品成套組合或有系統的生產？

第一節單元的三個小時，除了解說有系統的創意，我們開始分組從第一個主題進行。創意是行動，立即行動就立即會有成果。每個人都提出自己的創意，任何創意都不需要先考慮實用價值和可行性。雖然許多人的想法有些無厘頭，純粹一時好奇和好玩，但大家腦力激盪的結果，共有三百多種點子。許多點子都很棒，例如車行就會自重充電的娃娃，車一停就會開始跳舞，具有警示後車逼近的有趣裝置，停車時有人靠近會打出字幕和影音的擋風玻璃，各種簡易的防盜裝置、吸引小朋友喜歡的有趣安全帶……才三個小時，卻幾乎是這家公司幾年來的創意累積。因爲有系統的引導思考，每個人的注意力和想像力都會高度集中，所以短期內就會有大量相關的創意產生。

第二單元的三個小時，就各種創意點子依顧客的喜好程度評等，從一顆星到五顆星，每個學員都想像自己是潛在的開車族，評等要提出附帶理由，把繁雜的點子分出它的討論優先順序。這樣的討論雖然有點草率，但一樣產品會不會吸引顧客，其實就在決定性的幾秒鐘。學員的直覺，事實上是和市場接近的，然後我們選出五顆星和四顆星等級的再評選一次，最後選出三十種最具有創意的產品。

第三單元的三個小時，就三十個創意進行整合。讓一個創意能有多樣性產品的用途，或多樣性創意整合成一個產品，具多功能用途及提高仿冒的困難度。大家集思廣益如何讓產品有第二代、第三代的延伸性，或橫向的連結。買了和冷氣出風口有關的產品，會再買音響相關的產品。最後已經具有產品雛型的構圖就完整呈現，總共使用的時間是兩天左右，共計花了十二小時。

從這個過程，我們可以了解到創意工作的實作部分需要專業人才，但創意的點子人人都可以提供。一個好點子的價值是有限的，許多的發明無法商品化。很多時候，就是因爲單單只有一個點子，而被學走或被破解了，並失去了價值。

如果我們想要讓創意成爲商機，就必須要有充分的準備，有許多人誤以爲申請專利就可以得到保障，其實許多好的創意在申請專利的過程中，別人就已經從你的點子中，生產出更高效能的產品上市。

這是一個智慧財產權高度競爭的時代，每一個人都想在這塊領域找到立足之地，所以，訓練孩子從小就開始面對問題和解決問題，用系統創意來思考，未來不論他的專業是什麼，都可以輕易的讓創意在專業上發揮到最高境界！

☺爸媽加油站

這本書不是在教企業如何創意和研發，而是想和父母分享，創意是生活的一部分和習慣，它不是什麼專業人的特殊權利，從生活中激發孩子的靈感，並著手去改造和改善，許多時候會激發出孩子再學習研究的動機。我們的教育最失敗的就是不容許孩子和標準答案抗辯，但任誰都可以了解，任何答案都是相對的存在，環境改變或看事物的角度不同，垃圾就會變黃金，而黃金也可能會變垃圾。有一天，我的孩子和我討論核能發電的核廢料處理，這也許是專業和高深的學問，但我的觀點是，既然它仍具有放射的危險，就表示這些物質仍具有能量和再利用價值，為什麼不朝再利用去思考呢？具有危險性的物質，通常都是具有高度價值的，如何去看待它，是很重要的喔！

我們要在生活中，不斷的和孩子分享這樣的想法，創意的思考能力就會是送給孩子一生中最好的禮物喔！

年輕GO!GO!

別被上面的文章給唬住了，我什麼也不會。唯一知道的是如何引導別人，激發創意。每個人都有適合他的位置，我喜歡創意思考，更喜歡從事教育輔導工作，別輕易因自己所學就局限自己。我去過許多不同領域的企業和機構，因我不是企業人，我不會因有這些創意而和企業和機構成為競爭對手，所以，更能取得他們的信任。我懂的不是要研發的產品，而是進行研發的人。讓每個人都能充分的發揮創意，享受其中的樂趣和成就是我最歡喜的事。你喜歡什麼呢？你想要服務這個社會什麼呢？你想奉獻什麼給這個世界呢？這也是需要有系統的創意思考喔！

如何讓自己擁有智慧財產權？

在這個時代，我們的孩子除了需要創意的能力，更重要的是要有經營和行銷的必要知識。

有創意和發明的人，未必能擁有智慧財產權，世界各國都是採取申請審核登記制度，沒有經過申請、核可登記的發明和創意是不被保護的。

以下的資料是我從網路上整理出來的簡單說明，讓大家能夠對專利申請有個概念。如果有一天眞的想要申請專利時，國內外都有許多專利商標事務所可以提供更完善的協助喔！

發明專利成立三要件：

一、新穎性：依專利法第十九條、第二十條規定，所謂新穎性係利用自然法則之技術思想之創作爲前所未有者。亦即申請專利之研究成果，其內容必須全新，其解決問題之手段及其手段所發生技術上之功效，需均爲前所未有之創新。唯須注意，應用既有技術，施以技術改良，結構改進，而於申請當時未見於刊物，仍可視之爲創新。又根據專利法第二十條第一項，新穎性須不違反下列條款：

1. 申請前已見於刊物或已公開使用者。但因研究實驗而發表或使用，於發表或使用之日起六個月內申請專利者，不在此限。
2. 有相同之發明或新型申請在先並經核准專利。
3. 申請前已陳列於展覽會者。但陳列於政府主辦或認可之展覽會，於展覽之日起六個月內申請專利者，不在此限。

二、進步性：依專利法第一條、第二十條規定，進步性即突出的技術特徵或顯然進步，若該發明可為熟習該技術者輕易完成者，該發明即不具備進步性而不被准予專利。

三、實用性：依專利法第十九條、第二十條規定，所謂實用性係指發明必須具有產業上利用之價值，簡言之，即能被應用於產業上，從事大量之製造生產，實施予社會公衆使用之，且可生產產品之效用之發明即可予專利。然而若一個發明仍未達產業上可利用之階段者，僅有理論或構想或計畫藍圖，係欠缺達成目的之技術手段或有技術手段但顯然不能達成目的者，或實際上顯然無法實施之發明，或該發明非可供營業上利用者，被視為未達產業尚可利用階段，自不合實用，亦自未具備產業上之利用價值。

上述的要件看似簡單，但我們的創意是不是有人曾申請過專利，可以透過國內外的智慧財產局網站查詢。查詢因使用關鍵字，假如查不到，並不表示沒有人比我們早申請。經過一定期間的審核期，有可能被駁回申請，如果審查通過，繳交一定的費用就會發給專利證書。

專利也並非永遠有效，它有一定的期限。至於申請專利該如何才能適切的保障我們的權利？專利能否獲准直接關係到發明創作本身有沒有專利性，只要依照專利說明書的格式，塡具發明內容，申請專利範圍及繪製圖示等，應可取得專利。

專利的獲准直接與發明創作本身產生關聯，然而因爲專利說明書的格式對一般人而言相當陌生，因此一般人還是透過專利事務所來申請專利比較妥當，否則申請過程可能會不大順利。講了這麼多，你是不是覺得很難呢？專利的取得是智慧財產權的保障，的確不大容易，但也就因爲有些困難存在，所以，它才具有高度的價值。許多程序我們只要申請一次就會了解，就如同前述，其實大部分的流程都有專業的事務所會搞定的，所以，別太擔心！要重視的是你有沒有好的創意；再者，有專利未必就一定能夠商品化，百分之九十以上的專利沒有商品化，而有商品化的產品，眞正能獲利賺錢的可能不及十分之一，也就是說想要藉發明賺到錢，需要再進一步學習相關的專業知識！

在此想要順便一提的，我有一次接觸了一家企業，這家企業非常重視研發，只要申請到新型或發明專利，就可以得到一筆豐厚獎金，所以，每一年該公司都取得爲數不少的專利；但大部分的專利都不是和公司發展有直接關係的，要不就是毫不重要的專利。專利發明的申請需要一筆可觀的費用，我的許多發明，在未找到合適的合作對象及擬訂相關生產計畫前，寧可保留不提出申請，除了保密的原因，更重要的是我不輕易把錢拿去換一張沒有用途的專利證書。

爸媽加油站

有許多發明達人，經常會被媒體採訪，有時看到他們取得專利的發明，都是很簡單的構想，比較可惜的是，許多發明人都不知如何善用自己的專利發明，獲得應有的利益。

在現今這個時代，我們的孩子除了需要創意的能力，更重要的是要有經營和行銷的必要知識，否則我們就只能局限在某一領域，或被企業佔有我們專利發明的利益。

多元的能力是這個時代必備的，不只是語文、電腦或相關的專業技能，我們的孩子除具備創意、經營管理和行銷的能力外，要像八爪章魚一般的對相關或異業領域有基本概念，我們的孩子才能有更大的發揮空間。這些能力都必須在孩子成長過程不斷透過閱讀和思考培養喔！

年輕GO！GO！

看了這麼多敘述，是不是壓力更大了呢？每個人不論擁有什麼才能，都自有

看了這麼多敘述，是不是壓力更大了呢？每個人不論擁有什麼才能，都有屬於

他自己的一片天空，你也未必一定要做個創意人或是經營、管理者，你也可以選擇屬於你自己喜歡的位置，但是不論我們選擇的是什麼，都一定要對自己的選擇負責。

有許多人是做一行怨一行，在這個位置期待另一個位置的。我的態度是不論在什麼位置上，都認真以赴，把它當成難得的學習和考驗自己的機會，勇往直前！任何能力的提升都來自主動積極的參與過程，可別輕易就錯過自己的各種學習機會喔！

國家圖書館預行編目資料

正向思考，就對了！：教孩子的第1 步／
盧蘇偉著. -- 初版. -- 臺北市：寶瓶文化，
2007.10
面；　公分. --(catcher；14)
ISBN 978-986-6745-12-6(平裝)
1.親職教育　2.親子關係　3.思考
528.21　　96020410

catcher 014

正向思考，就對了！——教孩子的第1步

作者／盧蘇偉

發行人／張寶琴
社長兼總編輯／朱亞君
主編／張純玲
編輯／羅時清
外文主編／簡伊玲
美術主編／林慧雯
校對／張純玲・陳佩伶・余素維
企劃副理／蘇靜玲
業務經理／盧金城
財務主任／歐素琪　業務助理／林裕翔
出版者／寶瓶文化事業有限公司
地址／台北市110信義區基隆路一段180號8樓
電話／(02) 27494988　傳真／(02) 27495072
郵政劃撥／19446403　寶瓶文化事業有限公司
印刷廠／世和印製企業有限公司
總經銷／大和書報圖書股份有限公司　電話／(02)89902588
地址／新北市五股工業區五工五路2號　傳真／(02)22997900
E-mail／aquarius@udngroup.com

法律顧問／理律法律事務所陳長文律師、蔣大中律師
如有破損或裝訂錯誤，請寄回本公司更換
著作完成日期／二〇〇七年七月
初版一刷日期／二〇〇七年十一月
初版八刷日期／二〇一二年七月十七日
ISBN／978-986-6745-12-6
定價／二七〇元

AQUARIUS 寶瓶文化事業

愛書人卡

感謝您熱心的為我們填寫，
對您的意見，我們會認真的加以參考，
希望寶瓶文化推出的每一本書，都能得到您的肯定與永遠的支持。

系列：C014　**書名：正向思考，就對了！——教孩子的第1步**

1. 姓名：＿＿＿＿＿＿＿＿　性別：□男　□女
2. 生日：＿＿＿年＿＿＿月＿＿＿日
3. 教育程度：□大學以上　□大學　□專科　□高中、高職　□高中職以下
4. 職業：＿＿＿＿＿＿＿＿
5. 聯絡地址：＿＿＿＿＿＿＿＿＿＿＿＿＿＿＿＿＿＿＿＿

   聯絡電話：(日)＿＿＿＿＿＿＿＿(夜)＿＿＿＿＿＿＿＿

   (手機)＿＿＿＿＿＿＿＿
6. E-mail信箱：＿＿＿＿＿＿＿＿＿＿＿＿＿＿
7. 購買日期：＿＿年＿＿月＿＿日
8. 您得知本書的管道：□報紙/雜誌　□電視/電台　□親友介紹　□逛書店　□網路

   □傳單/海報　□廣告　□其他
9. 您在哪裡買到本書：□書店，店名＿＿＿＿＿＿　□劃撥　□現場活動　□贈書

   □網路購書，網站名稱：＿＿＿＿＿＿＿　□其他＿＿＿＿＿＿
10. 對本書的建議：(請填代號　1.滿意　2.尚可　3.再改進，請提供意見)

    內容：＿＿＿＿＿＿＿＿＿＿＿＿＿＿

    封面：＿＿＿＿＿＿＿＿＿＿＿＿＿＿

    編排：＿＿＿＿＿＿＿＿＿＿＿＿＿＿

    其他：＿＿＿＿＿＿＿＿＿＿＿＿＿＿

    綜合意見：＿＿＿＿＿＿＿＿＿＿＿＿＿＿＿＿＿＿＿＿＿＿＿＿
11. 希望我們未來出版哪一類的書籍：＿＿＿＿＿＿＿＿＿＿＿＿＿＿

讓文字與書寫的聲音大鳴大放

寶瓶文化事業有限公司

（請沿此虛線剪下）

廣　告　回　函
北區郵政管理局登記
證北台字15345號
免貼郵票

寶瓶文化事業有限公司　收

110台北市信義區基隆路一段180號8樓

8F,180 KEELUNG RD.,SEC.1,

TAIPEI,(110)TAIWAN R.O.C.

（請沿虛線對折後寄回，謝謝）